张克群 著

北京古建筑物语

晨钟暮鼓

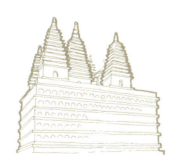

化学工业出版社

·北京·

图书在版编目（CIP）数据

北京古建筑物语.二，晨钟暮鼓/张克群著.—北京：化学工业出版社，2017.7（2020.4重印）
ISBN 978-7-122-29629-0

Ⅰ.①北… Ⅱ.①张… Ⅲ.①古建筑—介绍—北京
Ⅳ.①K928.71

中国版本图书馆 CIP 数据核字（2017）第 100796 号

责任编辑：周天闻　龚风光	装帧设计：今亮后声·胡振宇
责任校对：宋　夏	

出版发行：化学工业出版社（北京市东城区青年湖南街 13 号　邮政编码 100011）
印　　装：北京新华印刷有限公司
880mm×1230mm 1/32　印张 6¾　字数 140 千字
2020 年 4 月北京第 1 版第 6 次印刷

购书咨询：010-64518888　　　　　售后服务：010-64518899
网　　址：http://www.cip.com.cn
凡购买本书，如有缺损质量问题，本社销售中心负责调换。

定　价：48.00 元　　　　　　　　　　　　　　版权所有　违者必究

记得妈妈领着年幼的我和妹妹在颐和园长廊仰着头讲每幅画的意义，在每一座有对联的古老房子前面读那些抑扬顿挫的文字，在门厅回廊间让我们猜那些下马石和拴马桩的作用，并从那些静止的物件开始讲述无比生动的历史。

那些颓败但深蕴的历史告诉了我和妹妹世界之辽阔，人生之倏忽，而美之永恒。

妈妈从小告诉我们的许多话里，迄今最真切的一句就是这世界不止眼前的苟且，还有诗与远方——其实诗就是你心灵的最远处。

在我和妹妹长大的这么多年里，我们分别走遍了世界，但都没买过一尺房子。因为我们始终坚信诗与远方才是我们的家园。

妈妈生在德国，长在中国，现在住在美国，读书画画考察古建，颇有民国大才女林徽因之风（年轻时容貌也毫不逊色）。那时梁思成林徽因两先生在清华胜因院与我家比邻而居，妈妈最终听从梁先生建议读了清华建筑系而不是外公希望的外语系，从此对古建痴迷一生。并且中西建筑融汇贯通，家学渊源又给了她对历史细部的领悟，因此才有了这本有趣的历史图画（我觉得她画的建筑不是工程意义上的，而是历史的影子）。我忘了这是妈妈写的第几本书了，反正她充满乐趣的写写画画总是如她乐观的性格一样情趣盎然，让人无法释卷。

妈妈从小教我琴棋书画，我学会了前三样并且以此谋生。第四样的笨拙导致我家迄今墙上的画全是妈妈画的。我喜欢她出人意表的随性创意，也让我在来家里的客人们面前常常很有面子——这画真有意思，谁画的？我妈画的！哈哈！

为妈妈的书写序想必是每个做儿女的无上骄傲，谢谢妈妈，在给了我生命，给了我生活的道路和理想后的很多年，又一次给了我做您儿子的幸福与骄傲。我爱你。

高晓松

北京有大量的新建筑，又有历史留下的丰富的古老建筑和近代建筑，可以统称之为历史建筑。新建筑和历史建筑都是不可缺的，新建筑满足现今的实用需求，历史建筑是珍贵的文化遗产。有人认为现今的建筑不如过去，有厚古薄今的倾向，我主张以杜甫"不薄今人爱古人"的观点对待古今建筑。

建筑是物质文化与精神文化耦合的产物。每一座建筑都铭记着建造年代的生产技术与社会人文状况。新建筑所带的信息，限于当时当代，而老建筑在其存在的过程中，长时期与过去时代的人和事直接或间接地有所牵连，因而附着和积淀了比新建筑远为丰富的人文信息，相关的历史文化物化于其中，可触，可感，是某一历史片断的真实凭证，能引人遐思，感动今人，因此更有看头。人们在国内和境外旅游，对古老的建筑有兴致，这是原因之一。

建筑既是实用之物，又是一种艺术品，而且多数是一种公共艺术品，一般情况下，人们容易看到和观赏。然而，与文学、戏剧、绘画等艺术门类相比，建筑艺术是象征性的，它自身不能叙事，一般人要认识和理解建筑中包含的信息，需要有人加以指点、讲解才行。张克群女士所著

《红墙黄瓦》《晨钟暮鼓》及《八面来风》三种著作,对北京众多古建筑和近代建筑作了简明扼要的介绍和生动的讲解,正好满足人们观看和理解北京古、近代著名建筑的需要。这些书不仅对外来者有用,对长居北京的人也有裨益,值得向读者推荐。

我曾在清华大学建筑学院学习,后来做教员,克群听过我的课。而我在做学生时,先读的是航空工程系,当时听过克群父亲张维教授的力学课,张维先生透彻的讲解、洪亮的话音迄今不忘。克群的母亲、著名流体力学家陆士嘉教授当时在清华航空工程系任教,我后来改学建筑,未及聆听她的讲课。这都是半个多世纪以前的事了。

克群完成这些书,即将付印,我很高兴,是为序。

吴焕加

清华大学教授

(吴焕加,1929年生于苏州,清华大学建筑学院教授,中国建筑学会建筑师学会建筑理论与创作学术委员会委员。对中外建筑史研究颇深。著有《外国现代建筑二十讲》《建筑学的属性》《20世纪西方建筑名作》《中外现代建筑解读》等。)

前言

我的建筑情结

我从小到大一直在清华大学里转悠。开始是念清华附小,然后是清华附中、清华大学。要说清华园,那真是个得天独厚的世外桃源啊:不光是有山有水有河流,而且它既有清代王府的底子,又在外国人手底下建了一批"洋房",这简直就是个东西方文化融汇的小型实物建筑博物馆。

我家后面不远的地方住着建筑系的教授梁思成先生,我们称他为梁伯伯。梁伯伯下巴上有个挺大的瘩子,我曾问过他那是干什么用的,他说:"我要是想你了,就按它一下,嘟嘟两声,你就来啦。"我信以为真地踮起脚用手去按了一下,结果并没有发出什么声音来,倒是逗得梁伯伯哈哈大笑起来。

1959年我上高中一年级。那年暑假,大学组织教师和家属去北戴河海边避暑。这天我正坐在沙滩上写生,忽听脑袋上方一个和蔼的声音:"啊,你喜欢画画呀,画得还不错嘛。"抬头一看,是刚刚游泳上岸的梁思成伯伯。梁伯伯问我高中毕业后想考什么大学,我说还没想过。梁伯伯说:"想不想学建筑呀?"我问:"建筑是学什么的?盖房子吗?"梁伯伯光着膀子坐在我的边上,连比带画地给我讲了起来。大致意思是说建筑是比工程多艺术,比艺术多工程。我说,那我将来就考建筑系吧。梁伯伯一听很是高兴,叫上刚从海里爬上来湿淋淋的弟弟一起照了张相。

1961年,我如愿地考上了清华建筑系,终于可以正式在课堂上听梁先生讲课了。梁先生教的是中国古代建筑史。作为他的学生,我亲眼目睹了他对中国古建由衷的热爱。在放幻灯片时,他会情不自禁地趴到当作幕布的白墙上,抚摩着画面上的佛像,口中念念有词道:"我是多么喜欢这些佛爷的小胖脚指头啊!"在他的课上,我深切地感到中国文化深厚的底蕴和古代匠人们的聪明睿智。

2002年春天,我基本退休了,我想:既然生活在北京,我就要把身边的古代建筑先闹个明白。于是我边查阅资料,边看实物。从5月初到11月底,我跑遍了北京城里和远近郊区县的大小村庄。一听见谁谁说哪里有个古庙,马上驱车前往。朋友们都笑称我是"破庙迷"。后来因故到了美国,当了个大闲人,为了打发光阴,几易其稿,终于纂成了三本"北京古建筑物语"。其一,《红墙黄瓦》,说的是皇家建筑;其二,《晨钟暮鼓》,讲的是宗教建筑;其三,《八面来风》,叙的是早期洋人在北京盖的建筑。

有人问我:"费了半天牛劲,你为什么呢?出版赚钱?写着过瘾?"

我说:"什么也不为,只为此生的这段建筑情结。"

目录

卷一·佛教建筑

潭柘寺 ······ 022
天宁寺 ······ 027
云居寺 ······ 032
香界寺 ······ 038
卧佛寺 ······ 041
法源寺 ······ 045
法像大禅寺昊塔 ······ 052
灵光寺 ······ 055
广济寺 ······ 058
镇岗塔 ······ 060
大觉寺 ······ 062
万松老人塔 ······ 065
圣安寺 ······ 068
妙应寺（白塔寺）······ 071
碧云寺 ······ 075
居庸关过街塔塔墩（云台）······ 080

花市清真寺 …… 166
东四清真寺 …… 170
马甸清真寺 …… 172

卷四·天主教建筑

南堂（宣武门堂）…… 180
东堂（王府井堂）…… 183
北堂（西什库堂）…… 186
西堂（西直门堂）…… 190
东交民巷天主教堂 …… 194
乡村天主教堂 …… 196

卷五·基督教建筑

亚斯立教堂 …… 206
珠市口教堂 …… 208
缸瓦市教堂 …… 210

跋：我的北京 …… 212

参考文献 …… 214

- 智化寺 ... 084
- 法海寺 ... 088
- 正觉寺（五塔寺）... 092
- 大慧寺 ... 096
- 万佛延寿寺菩萨造像 ... 100
- 黄寺清净化城塔 ... 103
- 雍和宫 ... 110
- 觉生寺（大钟寺）... 115

卷二·道教建筑

- 白云观 ... 124
- 丫髻山道观 ... 130
- 东岳庙 ... 134
- 妙峰山庙群 ... 140
- 大慈延福宫 ... 144
- 吕祖宫 ... 147
- 花市火神庙 ... 150

卷三·伊斯兰教建筑

- 牛街礼拜寺 ... 162

卷一

佛教建筑

佛教作为一种文化，其领域涉及建筑、工艺美术绘画、雕塑、音乐、天文等，给我国古代灿烂的文化增添了极丰富的内容。尤以各类浮雕、砖雕、铜铸及泥塑、壁画最为精彩。在大小寺庙中无处不在。为了宣扬佛教的博大精深，也为给僧人们的生活增添些情趣，古代艺术家们在庙宇的艺术塑造方面真是费尽心机。大到整个庙宇的布局，小到抱鼓石、栏板、柱头、墙面的花饰，无不精雕细刻。用"雕栏玉砌"四个字形容，真是贴切得很。在本书中我仅仅罗列了一小部分，仅供参考。这一主题如果尽情发挥，足够写它一大本书的，这里咱们只能遗憾地蜻蜓点水啦。

佛寺是佛教文化的集中体现。早先，天竺的佛教不拜偶像，因此没有供佛的地点。它们的佛教建筑主要是坟、佛祖塔和石窟三种。坟，印度叫苹堵波。这是一种倒扣的半圆形建筑物，上面还拔出一个尖；石窟是僧侣们在深山修行时依山凿建的三合院式的住宅；佛祖塔是一种锥状的高耸构筑物，里面供着佛祖舍利。这三种建筑形式后来都传到了中国。

苹堵波到了中国，有一部分一直保留着印度味，只不过比例变了，肚子缩小而顶尖变大了，像北海的白塔和妙应寺的白塔。

印度佛塔除了供奉佛祖的舍利子外，还有一种塔是有道高僧的坟

释迦牟尼

颐和园昭庙琉璃雀替

冢。这种建筑形式传到中国后，与我们原有的重楼融合、发展，逐渐形成了有中国特色的塔。

早期，中国的佛教徒们的膜拜中心仍如印度一样是佛塔，如公元1056年所建应县木塔即在全寺的中心。后来觉得冲着没有舍利子的塔磕头有点儿没道理，渐渐转向了拜佛像。于是安放佛像的大殿代替塔成了佛寺的中心，这时的塔有的退居二线，建在中轴线末端后院里，如妙应寺白塔寺；也有的反倒放在最前面大门两边，如原悯忠寺；也有的完全把塔当成圆寂高僧的纪念碑而另设塔林，如潭柘寺。塔渐渐成了佛教的一种独特的象征性建筑了。石窟也不再是僧侣们的住所，而成了石头大佛们的栖息地了。

除了从人家印度舶来的佛教建筑外，中国更因地制宜地发展了一种建筑物，即佛寺。因为印度传来的以上三种建筑物都没提供讲经的场所。原来，释迦牟尼最初创教时，没有固定的说法场所，一般都是在树林里找个凉快地方，连说的带听的全都席地盘腿而坐。这种说法场所在印度叫阿兰若，意思就是树林子。印度气候炎热，一年四季待在树林里也冻不着。可是到了中国，僧侣们就给冻的不得不进屋了。

第一批印度僧侣刚来到中国时，地方官员是在一个叫鸿胪寺的官府接待他们，以后"寺"这个词就成了佛教活动场所专用的了。后来，一些笃信佛教的富人们贡献出自己家现成的中式四合院，前房供佛，后院讲经。人们发现这种建筑布局挺适合佛教的教意和宗教仪式的，因此寺庙就在四合院的基础上发展起来了。再者，早期在印度，人们膜拜的对象是舍利子，包括佛牙。释迦牟尼圆寂时已是79岁高龄，就剩4个牙了。人家悉达多没有名利思想，他根本没料

山西应县木塔

弥勒佛

到自己的牙日后会成了神物,先前拔的或自行脱落的牙也就没留着。这下麻烦了,全世界的信徒们都抢着要那四颗宝贵的牙!中国有幸得到一个。可这一个牙哪儿够供的呀,大多数寺庙便干脆改以崇拜佛像为主。

在佛教里可供奉的佛像除了最重要的释迦牟尼本人外,粗略统计一下还有好几十个。要把他们全都放在屋子里,中式四合院的正房、厢房、一层一层的院子是再合适不过的了。

典型的佛寺平面布局一般都设一条中轴线,重要的建筑排列在中轴线上,次要建筑分列两旁。这些建筑物按功能可分防卫,供奉,修行三类。

属于第一类的有山门和天王殿两座建筑。除了当门用以外,它

哼哈二将

们还起着一种心理准备的作用。你看,在山门里一左一右站着哼哈二将,先给人一个下马威,叫你不敢嘻嘻哈哈的,必须得收起凡念一心向佛。

　　山门多用砖砌,下开1个或3个不大的门洞,以体现其坚不可摧。进了山门走不了几步,在天王殿里再吓唬你一回。这一次人数加倍,四大天王分列两旁,有持剑的,捏蛇的,打伞的,弹琵琶的。他们脚底下都踩着青鼻子绿脸的小鬼。你要是老老实实的,天王们就佑护于你,否则就对你不客气!

　　顺利地通过天王殿,就到了一个较大的院子,中间一座令人肃然起敬的大殿是大雄宝殿。殿里面端坐着佛祖如来等3尊大佛,左右分列十八罗汉。大雄宝殿两旁的偏殿或厢房往往被叫做弥勒殿、

东方持国天王

南方增长天王

药师殿、观音殿、祖师堂（供达摩老祖）等等，用来供奉与这些名字相应的佛祖和菩萨们等。大殿和偏殿构成了第二类建筑——供奉类。

第三类建筑是修行类的，因其不对外，被放在后面的第三进院子里，禅堂、念佛堂、水云堂等。僧人们在此聆听讲经、打坐修行。一般人进不到这里，除非你打算落发为僧。

最后面的一进院子一般是藏经楼。作为中轴线上建筑群的结束，藏经楼往往建成两层楼房。

佛教一般要求出家人从农历四月十五到七月十五定居于一个寺院，不得随意居住。因此寺庙中除去做法事的部分外，还要有很大

西方广目天王　　　　　　　　　　　　　北方多闻天王

的生活用房。这类房屋一般设在跨院，包括寝堂、茶堂（接待）、延寿堂（养老）、斋堂（进餐）、香积堂（厨房）以及浴室、库房等。另外，大型寺院山门内还设有左钟右鼓二楼。晨敲钟暮擂鼓，除了报时，亦可营造一种庄重而宁静的气氛。所谓："当一日和尚撞一日钟"。可见敲钟之必须。

下面，让我们看看北京地区几个典型的佛寺，以及在那些庙里发生的故事。

潭柘寺

潭柘寺在西郊门头沟区潭柘山的山腰里，始建于西晋（公元256—316年），可算得上一座老庙了，因此北京人有"先有潭柘寺，后有北京城"的说法。跟一切的大型建筑一样，它的名字也曾改过多次。基本上是大修一回，就得改个名字，要不人家投入人力物力的修它干吗呀，总得留下点痕迹吧。它最初的名字叫嘉福寺，因山上有泉水，唐代改为龙泉寺，后来还叫过万寿寺、岫云寺。后来干脆就以本地特有的龙潭和柘树为名，叫了潭柘寺。

修建潭柘寺的人极其懂得尊重自然，既然处在山里，就来个依山而建，山势正好把院落逐进升高，不费什么劲就得到了宏大雄伟的气势。全寺共有3条纵向轴线。主要轴线上自然是山门、天王殿、大雄宝殿之类主要建筑。值得一提的是大雄宝殿的等级非同小可，它用的是重檐庑殿屋顶，黄琉璃瓦绿剪边，台基下加汉白玉栏杆，规格远高于一般佛寺。估计是康熙三十一年（公元1692年），皇上亲自来过之后，又赐了金子，

潭柘寺大殿

有了钱及皇上做后盾,重建时把等级抬高了。

  大雄宝殿的正吻,应当是"龙生九子"的"九子"之一的螭吻。他被塑造成一对,高踞在屋顶之上,俯瞰芸芸众生。民间传说有一回康熙皇帝前来拜佛,那俩小龙低头一看,乖乖不得了,真龙来啦,赶紧跑吧!刚一动弹,被眼尖的康熙看见了,忙叫了一声:"站住!"哥俩吓得没敢再动。康熙不放心,命人用两条粗大的金链子把他俩锁了起来,于是他俩便老老实实地趴在那儿,至今未动地方,那链子也还在屋顶上。你要是仔细看,可以发现它们在阳光下熠熠生辉,它们的正式名字叫

正吻和镀金剑光带

"镀金剑光带"。它们不但是装饰品,而且兼有避雷针的作用。

相传元代忽必烈有个爱女,名叫妙严。曾几何时,她也是一位舞枪弄棒的女中豪杰。后来自觉杀生太多,决心皈依佛祖,到此出家。妙严自出家后,十分虔诚,每日必到观音殿来拜佛,求佛祖饶恕她那杀人不眨眼的祖先们。几十年来,她脚下那块砖上竟磨出了30多厘米深的脚印,可见心意之诚。

潭柘寺香火旺盛,常住寺内的和尚最多能有上千人,平时也有三五百人,那口供和尚喝粥的熬粥大铜锅直径竟有3米,深2.2米,一次能下米16斗。熬粥的小和尚估计都得蹬着梯子干活儿。

在潭柘寺前方有本寺历代名僧的墓塔群,称做塔林。实际

政言塔

上，去潭柘寺最先看见的倒不是寺庙，而是这个塔林。塔林分上、下两院，共有72座大大小小的塔。上院为清代塔，下院是金、元、明代塔。塔的式样多为砖砌密檐实心。从塔的高矮和层数可以看出埋在它里面的高僧有多高。我认为以金大定十五年（公元1175年）所建通理禅师墓九层塔为最高大。公元1185年为金代高僧政言所建一小石塔，塔虽不大，却是用整块石头雕出，也算一奇。

天宁寺

天宁寺在广安门外，西便门附近。在二环路从北向西拐弯处，如果你往西仔细看，可以看见它的身影。相传北魏时（公元5世纪）大建佛寺，这里就建有光林寺。后来，佛教不断被禁止，佛寺不断被焚烧，然而它的命却出奇的大，几次三番逃过火葬的厄运。在隋仁寿二年（公元602年），寺内还加造一木塔。辽代，建造现存的天宁寺塔。明永乐二年（公元1404年），明成祖把原已破烂不堪的寺院重新整修一新，改为天宁寺并沿用至今。为什么朱棣对佛寺这么起劲呢？原来他是要报恩。朱棣在做燕王时，原本没想当皇帝。后来，都是一个叫姚广孝的一个劲地撺掇他，才令他成就了一统。事成之后，姚广孝要退居二线，朱棣不愿离他太远，就在京城里找了个没人要的名刹，大大地修理了一番。寺宇建好之后，第一个进住的当然是这位帮助朱棣夺取皇位的首要功臣姚广孝。他原本就是和尚，大功告成后退身于此，也算不忘根本吧。

天宁寺塔是一座密檐实心砖塔，塔的平面呈八角形，坐落

天宁寺塔

塔身细部

在方形平台之上，总高 57.8 米。它的出檐逐层向上递减，使整个轮廓略成抛物线状，外形柔和优美。我的建筑史老师曾经对这个造型称赞不已，并举出塔身成直线的傻里吧唧的八里庄塔。那个塔也是八角形密檐实心砖塔，但没有这种弧状的外形，显得十分僵硬。真是不怕不识货，就怕货比货。

天宁寺塔的塔身下部塑有许多精美的力士、菩萨等，可惜我去拍照时他们还处于缺胳膊断腿的状态，不知如今是否实施了断肢再植的"手术"。

对于天宁寺塔之美，古人有诗赞曰："千载隋皇塔，嵯峨俯旧京；相轮云外见，蛛网日边明。"

云居寺塔

云居寺

云居寺在房山区尚乐乡水头村石经山下，寺院始建于隋。殿宇坐东朝西，依山而建。中路原有五进院子，六座殿堂，南北还有僧房及行宫。想当年规模宏大，气势磅礴，香火极盛。可惜全部建筑物已在抗战中毁于日军炮火，仅余数塔。然而其却以保存大量隋代至明代所刻石版佛经得以闻名于世。

云居寺的主要建筑仅余辽代舍利塔，又称北塔。想来从前还有一个南塔，可惜已然不知去向矣。与北塔同建于一个平台上的还有4个小石塔，它们各占平台一角，与大塔相互衬托，取得了很好的艺术效果。这4个小塔都是石头制正方形7级密檐塔，塔门上方有火焰纹，左右力士雕刻表情生动，刀法精美。当年这些建筑竟然躲过了炮火之灾，真乃万幸。

隋代（公元581—618年间），本寺和尚静琬看到历代经书多在灭佛运动或火灾中被毁，甚为感慨。他心想：我把经文刻在石头上，看谁能烧了它。于是他花了一辈子的功夫，在采伐来的整齐条石上一刀一刀地刻佛经。临死时，静琬对同伴

云居寺北塔

云居寺唐代亭阁式塔

千叮咛万嘱咐，让他的后人一定要坚持刻经的工作。在静琬之后，此寺的有志者层出不穷，竟然一代一代地刻了下去。这是一个真正的愚公移山的故事。目前光是从山洞里出土的石经已达1.5万余块，上刻佛经3500卷，真乃世界文化史之一大奇迹。现在，人们已将部分石经放入新建的恒温恒湿的地宫里，充以惰性气体妥善保存。其余大部分石刻经书仍然回归山洞，埋入地下，以便更好地保存。我曾隔着玻璃看过那些石头经书，虽然看不懂，但那整齐划一的石头、风格一致的工整字体令我钦佩不已。不知道如果我是云居寺的和尚，是否能有这份毅力。

琬公纪念塔

香界寺

香界寺

香界寺是西郊八大处的第六处，始建于唐乾元年间（公元758—760年）。当初因为皇帝上山进香，要上100多级台阶（当然，他不是自己走路，而是坐轿子），走到此处想必也累了，需要休息。为此在山上建了这座寺庙加行宫的大型建筑群。

全寺依地势坐西朝东，山门高耸、殿宇层叠、宏敞非凡。建筑分左、中、右3路。中间的自然是主轴线了，它像穿糖葫芦似的串起山门、大雄宝殿等主要建筑。在马路边上，你可以看见面阔3间的砖石结构山门，上悬乾隆手书"敕建香界寺"。山门内所立哼哈二将为近年所塑，表情生动，色彩协调。山门虽然没什么奇特之处，不过我建议，走过路过，千万不要错过。因为里面有好玩的东西，是什么呢？那是在别处看不到的带小胡子的大悲菩萨像。

这事还要从清康熙说起。传说康熙三十五年（公元1696年）仲秋，康熙皇帝来此地游山进香，走到这里不知怎么回事

香界寺山门

石碑上刻的唐代中期菩萨像

突然双腿一软跪在了地上。他大吃一惊,连忙起身行礼祈祷。之后便令人就地刨坑下挖三尺,竟挖出了这块青石碑。石碑的一面刻有细阴纹带胡子菩萨像,叫"大悲菩萨自转真像"。康熙皇帝命人配以汉白玉基座,将有雕刻的一面向阳,并在阴面刻上亲笔书写的"敬佛"二字,从此终身敬佛。据专家推断,此带胡子之男菩萨乃是唐代中期的作品,那时菩萨还留胡子,后来不知为何,就慢慢转化成有点女儿相了,胡子也给剃去了。

卧佛寺

卧佛寺在西山余脉聚宝山的南麓。如果你去香山的话,眼看快要上山时往右看,极目处便是卧佛寺了。它背倚山冈,面朝平原,是块风水极佳的好地方。此寺首创于唐贞观年间(公元627—649年间),也就是唐太宗李世民执政的太平盛世,原名兜率宫,似为道观。清雍正十二年(公元1734年)改为十方普觉寺并沿用至今。卧佛寺是它的俗名,因为寺内有一尊元至顺二年(公元1331年)所铸的54吨重的释迦牟尼卧姿涅槃像。此铜塑长5.3米、高1.6米。无法想象六七百年前是如何浇铸,又如何运到寺里来的。卧佛身后,正在聆听佛祖临终遗言的是他的12个弟子。这些泥塑采用的是一种高超的"拔金花"雕塑法。

卧佛寺规模宏大,在一条坡道的起点,先看见一道木牌坊。当你从两排参天的古柏中缓缓爬坡,走到终点时一抬头,你就会看见第二道琉璃牌坊。这两道牌坊的气派在一般寺院里是极少见的。除了它的地位显赫外,跟地处郊外也有关系。

释迦牟尼涅槃像

琉璃牌坊

城里的寺庙即使是像广济寺这样地位不凡的庙宇，也没有这么大的地盘去建一个又一个的牌坊。

寺内殿堂与一般庙宇区别不大，值得一提的是寺中有千年腊梅一株，年年隆冬怒放。奇在此树没有主干，数十条枝干挤挤茬茬一涌而出，高达三四米。冬日里黄色的花瓣后衬青松劲柏，分外妖娆，可谓寺中一绝。

法源寺

法源寺在宣武门外教子胡同东，原名悯忠寺。它是北京城内历史最悠久的寺庙。公元645年3月，唐太宗李世民不听劝阻一意孤行御驾亲征高句丽国，8个月后损兵折将败回国来。为悼念战死他乡的忠勇将士并抚慰家属，可能也因为有点后悔吧，唐太宗打算建一座庙。但因战事繁忙，腾不出工夫来，竟然一直未能实现。半个世纪后的唐万岁通天元年（公元696年），武则天想唐太宗的这一遗愿，为表示她是李家的人并忠实地继承先帝之志，遂拨款动工修建悯忠寺。

从古建专家傅熹年先生所作悯忠寺复原图来看，原悯忠寺有三进院子，加上跨院，竟有7个院子之多。最后面的观音阁应为面阔7间，高35米，3层楼的大型木构，其规模比现存蓟县独乐寺观音阁大得多。寺前一左一右两座塔是安史之乱期间所修，安禄山先修了一座，史思明一看不甘落后，也建了一座。

辽、金以来，悯忠寺一直是座名刹。辽国的皇帝皇后曾多

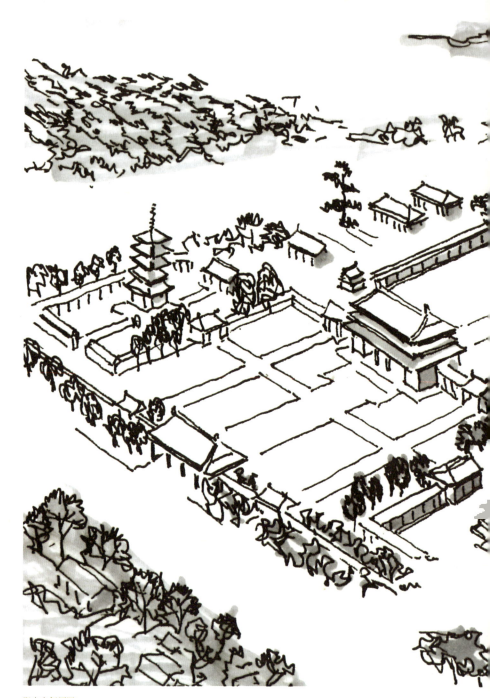

悯忠寺复原图

次来这里做法事。到了宋代，凡有重要外宾来访，一般都要到这里来参观，有时还让客人下榻于寺内，可见当时此寺地位之重要。北宋灭亡时宋钦宗赵桓被金兵俘获，曾被关在寺内好几天。元至元二十六年（公元1289年），宋朝遗臣谢叠山被抓到北京，拒不降元，在此绝食而亡。

明崇祯三年（公元1630年）8月16日，由于崇祯不辨忠奸，听信清皇太极的反间计，竟将屡败清军忠心报国的46岁的儒将袁崇焕凌迟处死，头颅被割下。袁崇焕的家人佘义士半夜冒死从刑场上偷回了他的首级，立即带到悯忠寺，向寺庙的主持哭诉其主人的冤屈。主持忙把寺内全体僧人叫醒，连夜为这位蒙受千古奇冤的爱国将军做了法事，又将遗骨送到位于今花市斜街52号的广东义园安葬。这位佘老先生临死前对他的家人交代说，他的后人一不许入朝做官，二不许离开袁崇焕的坟冢。佘家后人谨遵祖训，世世代代守护着这位先烈。380多年过去了，如今佘家的第十七代后人佘幼芝女士和她的丈夫依然住在高楼包围之中的破旧小院里，怎么也不肯搬走，只因佘家信守祖上看护袁氏坟冢的遗言。

明初，兵荒马乱之际，寺院被毁。明英宗正统三年（公元1438年），由司礼太监宋文毅出资重建，4年后竣工，改名崇福寺，立碑以记之。此时它的占地面积和建筑面积虽然比以前缩小了一半以上，仍有140间房子。清雍正十一年（公元1733年）再次重修后改名法源寺并沿用至今。

法源寺记名碑

目前寺院的规模基本是明朝时形成的，新中国成立后虽多次重修，但一改以前的毛病，没有再改名字了。

历史叙述完毕，该说说建筑本身了。法源寺坐北朝南。中轴线最南端是山门，由此向北是一个长50米的院子，内建钟鼓楼，正中是天王殿。再往后走，见一长180米、宽50米的大院子，院内依次排列着大雄宝殿等五座建筑。其中大雄宝殿明间前金柱下的两个覆莲柱础雕工饱满圆润，据傅熹年先生考证，至迟是辽代的原物。寺内其他石雕物品乃各代住持搜罗来的，有北齐石造像、唐代石佛像、五代铁铸佛像、宋代木佛像、元代铜铸观音、明代木伏虎罗汉等等。加上"文革"后期从各个凋敝的寺庙里搜罗来的文物，法源寺俨然是一座享誉京城的佛教艺术博物馆。

法源寺内树木繁茂，其中有一样驰名京城，就是丁香。每逢5月，满院清香沁人心扉。常有慕名而来的游客。为什么这里的丁香花这么茂盛呢？其中还有个故事。

早年间时兴科举制度，每隔3年，全国各地的读书人汇聚京城一试运气。有钱的住高级旅馆，没钱的就在庙里暂住一时。这天晚上，一位住庙书生秉烛夜读。一位老和尚闲来无事，坐在院子里窗下纳凉，看着那书生，忽然间长叹了一口气。那书生以为自己有什么不妥，就出来询问为何叹气。老和尚说："唉，3年前，也是这个季节，有个书生，年纪跟你差不多，也坐在这屋看书。老衲我闲着没事，趁给他倒水的工夫，想考考他，就出了个上联让他对。谁想那书生忒认真，想了三天三夜没想出来，竟然憋屈死了。唉，罪过，罪过呀！"说罢，唏嘘不已。这书生来了兴趣："敢问您给他出的上联是什么？"老和尚说："记得我出的是'冰凉酒，一滴、两滴、三滴'。"书生思索了片刻，问道："那书生埋在哪里？""因为不知道他家，我们把他埋在了后院。"书生道："带我去看看他的坟。"

到了后院，只见书生的坟边上长出几棵丁香花。这书生一见之下激动不已："啊！他的下联在这里了！"和尚惊诧道："怎么讲？""您看那，'丁香花，百朵、千朵、萬朵'。这就是那下联！"（注：这里稍加解析。"冰凉酒"的偏旁是一个点、两个点、三个点。而"丁香花"三个字的头和"百千萬"三个字的头是一样的。）

从此，法源寺里的丁香花越长越茂盛了。

法像大禅寺昊塔

昊塔建在房山区良乡镇东的料石岗上。房山区内有各式各样的古塔108座，约占北京古塔总数的一半。所以说"要看塔，去房山"不算夸张。

昊塔所属的寺庙叫法像大禅寺，现已无迹可寻，仅余此塔兀立岗上。它是一座五层八角的楼阁式砖塔，高约45米，塔的外部共有216朵斗拱，斗拱是用砖石磨平的，看上去与刨光的木头竟毫无分别。塔分五层，层高越往上越小，给人一种比实际高度要高得多的感觉。塔内有楼梯供拾级而上，每层正对东西南北的四个面都开有拱形券门，你可以从这里向外眺望。没有门洞的四个面上雕成假窗。最上面的塔刹由巨大的砖雕莲花瓣和砖雕珠宝组成，犹如一顶皇冠饰于塔顶之上。可惜我没有直升机，周围又没有高大建筑可供攀登，难见庐山真面目。

传说宋代杨家将的老令公杨业撞死李陵碑后，辽国萧太后感其忠勇，令人将杨业厚葬于昊塔之下。杨业之妻佘太君因丈夫尸骨滞留燕京，心中郁闷不已。此事被杨六郎手下大将孟良

良乡昊塔

看在眼里，于是向老盟娘请缨，星夜离开汴梁前去盗骨。孟良到了城里，因置办棺椁木匣等耽误了几日。待到他和随从半夜进塔盗骨时，竟在黑不溜秋的塔内撞到一人。孟良以为是盗墓贼，于是手起斧落将那人砍死。等把死人移出塔外，就着月光一看，那人竟然是自己的把兄弟焦赞！原来焦赞听说此事，追上京来要帮孟良一把。到了塔里，发现尸骨，打算先盗出来再说，谁知竟被误会。孟良见自己竟砍死了把兄弟，痛心疾首。他叫从人带上老令公遗骨回复佘太君，然后挥起斧子"吭！"的一下，自行了断，随焦赞去了。至今，那山上的石头都是红色的，据说就是孟良的鲜血染的。人们编了这个故事，用以寄托对抵抗辽兵的英雄的崇敬。正如歌中所唱："故事里的事，说是就是，不是也是；故事里的事，说不是就不是，是也不是。"

灵光寺

灵光寺属西山八大处中第二处，它始建于唐大历年间（公元766—779年）。辽咸雍七年（公元1071年）在此建了一座八角密檐砖塔，名招仙塔。金大定二年（公元1162年）重修寺院，改称觉山寺。明宣德年间（公元1426—1435年）再次重修。因明代翠微公主葬于此，将觉山改名翠微山，寺名改为灵光寺。1900年寺庙遭八国联军彻底破坏，后又重建，现在的布局应是这次重建时形成的。灵光寺整个庙宇没有明显的轴线。最南端，上30步台阶后是一座三开间悬山卷棚殿，作用不明。进了此殿西侧的旁门，出现在我们眼前的是一个形状奇特的大院子。院子北端的13层密檐砖塔为绿色琉璃顶、金黄色塔刹，叫佛牙舍利塔，是1959年新建的。塔的西面是一排附属建筑。这排建筑的背后便是陡峭的石头悬崖。沿悬崖向南，在峭壁下有一水池。池内有金鱼多尾，据说年龄最大的一条老鱼精生于清代。

　　池的东南即招仙塔的塔基。新中国成立后重修寺庙时，人

灵光寺佛牙舍利塔

们从塔基废墟里扒出一沉香木盒。打开一看，里面竟有一颗佛牙。盒内外有"释迦佛灵牙舍利"，"天会七年四月廿三日"等字样及梵文经咒。众人大喜过望，因为据佛教典籍记载，释迦牟尼仅存的那四颗牙齿之一，在 11 世纪时曾送给中国，后来想不起来放在哪里了。这回佛牙舍利重建天日，乃太平盛世之征兆。当时灵光寺已没有塔了，只能把佛牙暂存城里的广济寺，开始筹划修建新塔。因有此圣物，灵光寺近年来香火一直很旺。

广济寺

这座位于西城区阜成门内的佛教寺庙是现存市内最大、香火最旺的佛寺。凡遇阴历的重大节日,庙里人头攒动,香烟缭绕。

金代时这里就有一座小庙,后来随着金中都的陷落而破败了。元代又曾重建。明天顺元年(公元1457年),明英宗登基,为求吉祥,大肆重建了一回。以后因为地处城里,方便市内民众前去,明清两代多次修建、扩建。但因世道不太平、木结构防火性能差,又多次被毁。

新中国成立前,广济寺的僧人曾与叶公超等人一起为保护附近的万松老人塔出过力。新中国成立初期,灵光寺旧招仙塔废墟里发现的佛祖的佛牙舍利,曾存放在这里,为广济寺大招人气。1959年灵光寺的新塔建好之后,佛牙舍利又物归原主了。

广济寺寺院广大,有山门、钟鼓楼、弥勒殿、大雄宝殿、圆通殿、多宝殿、舍利阁等建筑物。山门上书"敕建弘慈广济

大雄宝殿

寺"字样。原来在寺院周围还有多亩菜地,供寺内人员自给自足,后来城里越来越挤,容不下种菜之地了。

目前寺内藏有经书10万余册,房山云居寺石经拓片3万余片,为"四海缁流,钵锡云依"的一座庄严宏大的寺院。

镇岗塔

在北京南郊长辛店云冈村，有一座奇形怪状的塔，老百姓都管它叫花塔。因为地处高岗，又叫镇岗塔。此塔始建于金，寺庙早已无影无踪，塔是砖的，又经明代彻底重修，才保留至今。

此塔是实心砖塔，高倒不太高，只有18米，真算是塔里的武大郎了，塔的底座为八角形，塔身像是一座亭子，十三层里每层都有角柱、佛龛、象征性的门窗等，从第二层起，每个佛龛里端坐佛爷一个。一眼望去，热闹非凡。

镇岗塔

大觉寺

大觉寺在西北郊阳台山下，始建于辽咸雍四年（公元1068年），原名清水院。那时，燕京是辽国的陪都，辽帝来视察边防时也需要游山玩水，因此开辟了这里。到了金代，爱玩的潇洒皇帝金章宗曾在西山选八处风景优美的寺院以供游赏，清水院是其中之一。后来明宣宗因听说寺中住持无隐乃有道高僧，遂下令"敕有司度僧百余，与之为徒，建大觉寺以佚其老。"将寺院更名为大觉寺。无隐和尚活到了88岁，无疾而终。死前留有辞世诗："空空大觉寺，永断去来踪。实体全无相，含虚寂照同。"含义高深，凡人莫测。

寺院山门面向东方，有主副三条轴线。山门内一方水池，名曰"功德池"。从山后引来的清泉，在天王殿、大雄宝殿、无量寿佛殿等各个殿堂前弯弯地流上一流，然后从一龙（龙王之子虮蝮）嘴里流出，注入池内。

传说乾隆皇帝一度曾隐瞒身份在大觉寺剃度受戒。一次正跟众和尚一起打坐诵经，不期打起盹来并做了个美梦，竟然

明代重修大觉寺碑

蚣蝮与功德池

笑出了声。烧火僧迦陵听见，顿时怒从心起，举起戒尺便打。乾隆皇帝边躲边笑道："仙阙少缘分，凡尘属寡人。"而后悄悄回了宫。僧人们知道实情后都替迦陵捏了把汗，说他得罪皇上小命定然难保。过了几天，到了寺院的香期，只见一队宫车吹吹打打来到山门，原来是乾隆的贴身太监到了。他拜完佛祖就到处找迦陵，并对他说："万岁爷说，大觉寺的烧火师傅迦陵胜我一筹。这次特别让我来参拜师傅。"迦陵因祸得福，非但平安无事，还当了寺里的住持。此事自然当不得真，但是四宜堂前乾隆年间种下的玉兰花，年年春寒料峭之时吐露芳香，却是不假；寺内比它还老的800岁的银杏更是枝繁叶茂。

大觉寺现为旅游休闲胜地。每逢周末，常有城里人前去饮龙泉水，品龙井茶，盖取其空气清新，环境幽雅耳。

万松老人塔

万松老人塔在西城区西四南大街西的砖塔胡同东口,是市内仅存的一座金元时期的砖塔。

塔内葬着金末元初佛教高僧行秀(自称万松野老)。行秀禅师,河南人,金明昌四年(公元1193年)曾被金章宗召请入宫,后移京西妙峰山栖隐寺,从学者众。成吉思汗的中书令耶律楚材即是他的高足之一。行秀常教导耶律楚材说:"以儒治国,以佛治心。"这对耶律楚材建议忽必烈少事杀戮起了一定的作用。行秀圆寂后,耶律楚材为感谢恩师的教诲,为他修了此塔。塔为砖砌实心七层密檐塔,高仅5米,小巧玲珑朴素无华,实为行秀禅师一生之写照。

明万历三十四年(公元1606年)、清乾隆十八年(公元1753年)、民国十六年(公元1927年)都曾对万松老人塔重修,此塔至今保存完好,只是被挤在一个狭小的民居院子里,难以见其全貌。我曾打算给它照张相,先是本院居民不让进,好容易说明是学建筑的,慕名而来,却因院子过于狭小,无法

万松老人塔

取到塔的全貌，只好作罢。

之所以出现这样的局面，还有一段说起来容易、办起来难的故事。民国十六年（1927年）京兆尹李垣打算趁乱变卖官产，其中包括万松老人塔。当时的交通总长叶恭绰先生为了保护古迹，多次与李某交涉，最后李某拗不过叶先生，只得同意把此塔及四周一小块地方留给叶先生。叶先生和几个有识之士还组成了"万松精舍"，并去当时政府办了"留置证书"，修了围墙，建了门楼，还加上了石刻"元万松老人塔"几个字。收拾好之后，他们便锁上大门，将钥匙交给距此不远的广济寺代为照看。广济寺的僧人二十几年来忠实地履行了这一义务。1950年11月28日，仍然健在、仍然热心的叶先生致函文化部，请求人民政府接收并保护这一古迹。万松老人塔至今完好无损，叶先生等人实是功不可没。

圣安寺

圣安寺在西城区南横西街西口。六年前我去找法源寺时，曾经路过这里。当时这里只有一座破败的山门。如今再次光顾，山门、殿房倒是都有了，看着挺新，显然是重建的，可是寺庙并未恢复，而是成了回民幼儿园的一部分。因是周末，幼儿园休息，我等被拒之门外，院墙又太过封闭，庐山真面目不愿示与他人，只录得山门一座。乘兴而去，败兴而归。

据资料说，此庙始建于金天会年间（公元1123年），那时这里是金中都。金代第二个皇帝金太宗完颜晟刚刚登基，为此建一庙宇，此乃皇帝祈福的常见做法。当时这里还是农村呢，村名柳湖村，因此寺庙又叫柳湖寺。明正统十一年重修后改一雅名曰普济寺。清代重修后找出历史旧名圣安寺重新利用。

原来寺院规模颇为宏大，除必要的大雄宝殿外，还有后殿、瑞象亭、天王殿及东西配殿等。大雄宝殿里有大佛三座，尤其珍贵的是明代著名画家商喜所画壁画，用色得当，笔法老练，风格豪放，人物动态感极强。可惜呀，不知是被保存在了幼儿园内，与孩子们同乐，还是已经不复存在了。

高楼环绕的圣安寺山门

妙应寺塔

妙应寺（白塔寺）

妙应寺位于今阜城门内（即元大都平则门内），元至元八年（公元1271年），为庆祝元大都落成，元世祖忽必烈在北京建一寺一塔，为新建的都城祈福。塔名定为释迦舍利灵通之塔，寺名为大圣寿万安寺。塔和寺由著名尼泊尔匠师阿尼哥主持修建。塔建成于至元十六年（公元1279年），寺建成于至元二十五年（公元1288年），这是元代皇家在大都城内所建最重要的寺庙。寺的规模巨大，施工时仅建筑装修和佛像就用了黄金540两，水银（鎏金用）240多斤，其工程之浩大繁费可以想见。以

妙应寺白塔

后又在佛殿的东西建影堂，把元世祖、裕宗的影像安置在此，以至此寺颇似宫殿，常用作百官演习朝仪的地方，元朝各代皇帝也多次来寺中做佛事。

妙应寺白塔是北京城区内仅存的元代地面建筑，它是根据密教经典的精神设计的。塔的四周有矮墙，刷作红色，与白色塔身成鲜明对比。墙内有绕塔通道。塔的最下层是一个繁体的亚字形台座。台座之上是两层的巨大须弥座，平面形式与台座相同，使其和谐地起到承下转上的作用。须弥座之上覆以莲花瓣，然后就是直径20米的大肚子塔身了。塔身之上又是一层须弥座，座上是高高的圆锥形的"十三天"。最高处是天盘、宝顶。由36个铜质透雕的流苏和风铃组成的天盘寿带恰似蒙古人的帽子，丰富了白塔顶部的造型。从亚字形台面至宝顶总高50.86米，造型极美。

元至正二十八年（公元1368年），寺内主要殿宇被雷火焚毁。明代重修后，改名为妙应寺。寺内现存有天王殿、三世佛殿、七佛殿和三宝殿。其中七佛殿建于明弘治十八年（公元1505年），在北京地区也属较古老的木构建筑了。殿前老狮一对，做仰天长叹的乞求状，与我们常见的清代烫着头发看守大门的那两口子的狮子大为不同，令我大感兴趣。可见在清代之前，狮子的造型是很丰富的。

妙应寺殿宇众多，内有许多历代文物。其中值得一提的是在天王殿后面的第二座殿里，有一个常年展览，名叫《藏传万佛造像艺术展》，展出了藏式佛像近1万尊。其数量之庞大，种类之繁多，年代之久远，地域之辽阔，风格之多样，是这座艺术宫殿的最大特点。

妙应寺寺内石狮

碧云寺

碧云寺在西郊香山静宜院之北，千峰环绕，万树葱茏，环境异常优美。古人为它写下了许多赞美的诗句："西山千百寺，无若碧云奇"、"鸟道千盘错，羊肠一径斜"等，把碧云寺深、险、奇、美的风光描绘得令人心驰神往。

碧云寺坐西朝东，依山势建成。各进殿堂呈阶梯状层层升高，前后高差达10余米。此寺建于元代至顺年间（公元1330—1333年），原名碧云庵，是元朝大臣耶律楚材的后裔耶律阿勒弥因笃信佛教，舍出自己的宅院所建。后元朝亡于各路起义军，蒙古人撤回草原，这里就荒芜了。明正德年间（公元1506—1521年）御马太监于经相中了这块宝地，于是出钱扩建了已经破败了的碧云寺，又在寺后小山修了生圹，准备作为死后葬身之所。谁知天网恢恢，作恶多端的于经在明嘉靖初年下狱而死，他的葬在碧云寺的美梦自然也泡汤了。又过了一个多世纪，明天启三年（公元1623年）大太监魏忠贤来西山游玩，又看上这里，要在于经筹建的生圹上修坟地。5年后即崇祯元

远眺金刚宝座塔

罗汉

年魏氏获罪自缢，这个"阉人冢"竟然总是实现不了。但是经过两次扩建，碧云寺的明代特色已然形成。入口处的一对石狮就是魏忠贤所制，正是："剩得双狮在，营坟柱自忙"。100余年后清乾隆十三年（公元1748年），又增建了罗汉堂和金刚宝座塔。

碧云寺属大型寺庙，共分左、中、右三路。中路有内、外两座山门，两门间用高甬道相连，再向里是天王殿和单檐庑殿，面阔三间的正殿。可惜原来明代塑造清代妆彩的原作已毁去。正殿后还有第二层殿、第三层殿，它们之间左右各有一个侧门通向南面的罗汉堂和北面的水泉院。再后高台上为塔院，以一石牌坊为门，左右有砖雕的八字影壁，雕工精致。再过一道砖砌牌坊即是金刚宝座塔了。塔坐落在方形的金刚座之上，塔身、塔檐全部用汉白玉砌造，可算是乾隆时期石雕工程的精品。

金刚座最下层是须弥座，座上的高浮雕金刚像雕工饱满圆润。金刚座顶上建5座密檐方塔和两座喇嘛塔，又在正前方建一小型金刚宝座塔作为登塔道的出口。整个碧云寺极喜采用砖砌、砖雕或石雕，简直可以称作清代石刻博物馆。

罗汉堂是清乾隆十三年仿杭州净慈寺罗汉堂造的，堂内有500尊木质金漆的罗汉像，雕刻手法一般，大概是没请到好木匠。

水泉院是一组小庭园，以泉水为中心，拓为前后二池，配以山石亭台，长松巨柏，环境幽雅恬静。假山用北方所产黄色太湖石垒成，间或用小块石料粘成的巨石，颇可乱真，是北京现存寺庙园林中最古老、最精美的假山石作品。

碧云寺石牌坊

居庸关过街塔墩（云台）

居庸关原本是万里长城昌平群山中段的一个关口。秦代修长城时，动用了大量农民工、士卒和囚犯。他们驻扎在这里多年，士大夫们视他们为"庸人"。关口修好之后，要起名字了。有人说了："既然这里住的都是庸俗之辈，就叫它居庸关吧。"不过今日所见居庸关早已不是当年秦朝旧址，而是明代补建的长城之一段。

过街塔建在昌平的群山之中，始建于元至正二年（公元1342年），4年后竣工。它位于元代关城之南。明景泰六年（公元1455年）在城关南8里建了新关，塔就被围在新关里面了。塔为南北向，塔下是墩台，中间辟门洞以通南北，墩台上原有三座喇嘛塔，约在明初被毁。后来曾在墩台上建佛殿，清康熙年间再次被毁，终于仅剩下光杆墩台了。明以后多称它是石阁、云台，并把石阁云台列为"居庸八景"之一。

这个墩台是用巨大的石块砌成的，它的立面呈梯形，四面向内斜收，看着稳重厚实。元代城门洞已开始采用圆券了，但

过街塔墩

它的门洞仍用旧制砌成梯形状,可能为了方便内部的雕刻。门洞顶斜面雕十方佛及千佛,侧壁中部刻满梵文、藏文、汉文、西夏文、八思巴文的经文和咒语;侧壁的南北外侧分别雕刻东方持国、南方增长、西方广目、北方多闻四大护法天王。天王们个个神采奕奕,脚下还踩着小鬼,显示出他们的法力;门洞顶水平部分雕有五曼荼罗。整个门洞内外雕刻极为精美,不过当中那个怪物我看像早期的蜘蛛侠。

因北京元代宫殿毁去已久,这里的浮雕应视为仅存的元代皇室工程中石雕的代表作。梁思成先生在《中国雕塑史》里

洞内浮雕

洞顶浮雕

说:"鉴于创立并修寺院之少,可推断其佛教雕塑之不多。然新像之创造,概多用泥、木、漆一类较不耐久之材料,而金石之用为像者,殆已极少。居庸关门洞壁上四天王像可称元代雕塑之代表。天王皆在极剧烈之动作中。四天王之外,尚有各种雕饰,如人物、天王、飞天、龙、狮、花草、念珠等。"

我们去的时候,导游管这里叫做"杨六郎点将台"。这当然是讹传,因为历史上根本就没有此人,再说原先这里是过街塔,并不光是个台子。

智化寺

智化寺是明代太监庙的又一个杰作,它的主人王振是明英宗的宠臣。明正统元年(公元1436年)明英宗登基,因为年轻,事事听信大太监王振的。王振势力大增,钱财也大增,于是盖了这座家庙。

智化寺与众不同之处在于,它全部的屋顶,从山门、钟鼓楼、天王殿、智化殿到最后面的如来殿,用的都是黑色琉璃瓦,原因不详,大约是想突出个人吧。如我在《红墙黄瓦》一书中所述,黄、绿琉璃属皇家专用,黑色等级低于前两种,然而也只有官窑才能烧制。能用黑色,不能不说王振的地位高,实在是高!

公元1449年,王振不知道哪根筋搭错了,非要鼓动英宗御驾亲征打瓦剌人(蒙古人的一支),结果英宗朱祁镇被俘,王振死了(算不算战死,反正是死了)。等到明英宗弟弟朱祁钰当了代宗(年号景泰),瓦剌人放了这个废物英宗回来,又被当皇帝当上瘾的弟弟囚禁了起来,直到7年后代宗死(疑为他

智化寺山门

智化寺殿前的英宗题字碑

杀），英宗才再次坐上龙椅。复辟后，英宗第一件事就是为王振的家庙立碑，碑中用尽了辞藻悼念这个祸国殃民的太监。

智化寺以两件事闻名于世。第一，智化殿中原有极精美的天花藻井，是用97%的金箔细细打造而成。20世纪30年代被寺内僧人卖给了美国人，看起来盗卖文物是早就时兴过的事了。如今这块藻井被保存在美国纳尔逊博物馆。

第二，佛教音乐。不少寺庙都有自己的特色，如少林寺出武僧，而智化寺出艺僧。它的记谱，采用的是工尺谱。目前发现的最早的乐谱是清康熙三十三年（公元1694年）由第十五代艺僧容乾所抄的古谱，第二十六代艺僧本兴整理的抄谱等。它与西安城隍庙古乐、开封大相国寺音乐、五台山青黄庙音乐及福建南音一起，同属我国现存最古老的音乐。你要有兴趣，可以到东城区禄米仓胡同5号（最东头）智化寺里去欣赏。

法海寺

法海寺在西郊翠微山麓模式口村东北，倚山而建。这座庙也是明代的太监庙。它是明正统四年（公元1439年）集资建造的。正统八年（公元1443年）建成，明英宗亲自赐了寺名。由于设计者既有汉族人，也有藏族人，它集合了汉藏两种风格。施工方却是宫廷工部营缮所，因此宫廷味道还是很浓的。寺内原有建筑多已不存，现仅余山门及大雄宝殿。大雄宝殿面阔五间，单檐庑殿黄琉璃瓦顶，为明代前期按官式建造的私家佛殿。

法海寺最有价值之处是殿内尚存的明代壁画。壁画画在佛像后的扇面墙上，画的是观音、普贤、文殊三大士坐像。后壁和东西墙上还有一些佛像、菩萨像。其中以三大士像最为精彩，其面貌饱满圆润，服饰华丽，衣纹流畅，尚有元代遗意。此殿壁画是北京地区现存最精美、最巨大的，在国内现存明代壁画中也是上品。

"文革"时一群无知的红卫兵来此破四旧，看寺老人吴效

现存部分壁画

祖深知此壁画乃无价之宝，于是用了舍车保帅之计，对那帮孩子说："咱们来个按部就班吧，先由山门破起。"孩子们倒也还听话，等到他们把山门里的哼哈二将弄倒，已是汗流浃背、筋疲力尽，于是扔下家伙回家去了。就这样，吴老爷子凭着他的机智，在那疯狂的年代里把这份宝贵的文化遗产保留了下来。

法海寺壁画

正觉寺（五塔寺）

正觉寺在西直门外，现动物园北门外昆玉河北岸上。其实它的本名叫真觉寺，后来可能因为北京的南方人日益增多，把寺名给叫走了音。又因为寺内金刚宝座塔的座顶上有五座小塔，人们都俗称它为五塔寺。提起五塔寺，知道的人挺多，可你要问正觉寺，就没几个人知道，更不用说真觉寺了。

明永乐初年（公元15世纪初），印度僧人班迪达带来了金佛五尊和金刚宝座塔的样式。为答谢他的贡献，特为他造了真觉寺作为印度僧人在京的立足之处。明成化九年（公元1473年）又根据他带来的样式在寺中用石料建造了这座金刚宝座石塔。清乾隆二十六年（公元1761年）曾经重修。此次重修不但扩大了寺院的规模，且将所有殿顶一律改为黄琉璃瓦，使真觉寺的等级上升到了皇家寺院。清末经英法联军和八国联军两次破坏，寺庙残缺破败，僧人流离失所。1927年，一些人仅以2500元银圆便将寺院卖给一黄姓私人。可黄某却撒手不管，自此建筑被拆，文物被盗，寺中殿宇物品荡然无存。仅余拆不

正觉寺金刚宝座塔

五塔寺金刚宝座塔

了的金刚宝座塔和砍不倒的老银杏树屹立于废墟之中。1937年中央古物保管委员会北平分会收回了30亩基地，加修了院墙，又以有限的资金对塔身稍事修复，然后对游人开放。

此塔虽以印度样式为蓝本，但通过我国匠人之手把它加以变化，提高了塔座的高度，相对地缩小了五塔，又增加了中国传统的琉璃方亭，创造出中国式的金刚宝座塔。宝座高7.7米、长18.6米、宽15.7米。最下层是须弥座，其上重叠五层佛龛，每层都雕出屋檐，把整个宝座上划出五条水平线。五座小塔都是方形密檐塔，当中的一座13层檐，四角的4座11层檐。五塔的塔身四面都雕刻佛像、佛龛以及梵文的装饰纹样，显示出古人的耐心和专心。这座塔造型奇特，雕刻细致，是现存此类塔中最早也是最精美的一座。近年来寺塔屡屡重修，并成立了北京石刻艺术博物馆。

大慧寺

这座寺庙是我另一个痛，不知是不是永远的痛。几年前慕名而去，几经周折，在钢铁研究院内"找"到了它，所谓找到，就是从院墙的墙外头登在自行车后座上还踮起脚，才看见空空荡荡的大院子里，一座单檐庑殿顶的大殿和一棵已经枯死的大树。

我之所以对它感兴趣，是因为它是明代正德年间太监张雄所建。正德年的皇帝朱厚照是个爱玩的皇帝，他最重用的太监叫刘瑾。张雄为何许人也，竟然能盖如此大规模的一座寺庙，真是很奇怪。不过纵观明代建庙史，太监建庙的还真不少。其中的原因大约跟皇帝不够勤政，太监太过猖狂有关。

大慧寺原有房屋180间，如今只余大悲殿一处。但殿内28尊泥塑个个形态逼真，呼之欲出。你只看上图里，无论是连毛胡子的武士还是面色白净的修士，脸上的表情都很平和，专注而虔诚，手上都拿着架势，说它们是明代雕塑艺术的精品，真不为过。加上明代的彩色连环壁画，如果还保留着的话，如果哪一天能对外开放的话，真要在里面泡它一整天，大饱一下眼福啊。

泥塑之一

大慧寺彩塑

万佛延寿寺
菩萨造像

在丰台区体育场西北角的一片绿荫中,孤零零地站着一位8米高的美丽的女神,它是明万历年间的庙宇万佛延寿寺内硕果仅存的一尊千手观音铜像。这座铜像神韵优美,神态端庄,唯面部比同时代的菩萨们稍显消瘦。不过按现在女士们的标准,可能还需要减点肥呢,时代不同了啊。

说是千手,其实也就做出了24只手。真要弄一千只手,看起来一定像只钱串子(一种多足爬虫),不定多难看呢。就这24只手,也残了一多半,举在天上的都没了,就剩胸前那4只尚存。她的短衣长裙,飘带莲花都雕琢得生动细致,是明代杰出的铜铸艺术品。

观音为什么有那么多手呢,这里面有个动人的故事。话说从前有个皇帝,他有三个女儿。大女儿二女儿都按部就班地学些女红之事,招个驸马过着无忧无虑的生活。就是小女儿,从小就吃斋念佛,及至16岁,便非要出家。父亲母亲怎么劝也不行,把个皇上气得半死,你想啊,皇上的女儿当了尼姑,成

铸铜千手观音

何体统！不顾皇后的苦苦哀求，皇上把三公主赶出了家门，并宣布与她断绝父女关系，三公主索性就入了尼姑庵。

几年后，皇帝得了不治之症，吃了好多副药也不见好。最后有一个大夫说，必须要他女儿的一双手做药引子。皇帝派人找到大公主，大公主不肯献出手来，又找到二公主，二公主也拒绝了，就剩三公主没问了。可因为出家的事，已经和她闹僵了，怎么好再去找她呢？谁知道这事传到了三公主耳朵里，她二话没说就把手剁下来请人送到皇宫。皇帝吃了带药引子的药，果然病好了。上天为了表扬三公主的孝心，把她变成了菩萨，并且配给她一千只手。

故事很动人，虽然太过荒唐因而不可信，但它说明了中国人的一种观念：鼓励孝顺的人。这个传统在当今世界上恐怕是没几个国家有的了。算不算非物质文化遗产？

黄寺清净化城塔

黄寺位于安定门外西北，因分东西两处，附近居民将它们并称为双黄寺。

东黄寺是清顺治八年（公元1651年）在原普净禅林的旧址上建造的，寺内立巨大的佛祖坐像一尊。同年，五世达赖率3000多人千里迢迢来到北京朝见清帝，就下榻在东黄寺。康熙三十三年（公元1694年），皇帝曾来巡视，见庙宇破损严重，遂拨款重修并亲撰碑文，并题诗以记之。1949年以前此寺曾遭严重破坏，1958年被拆除了。

西黄寺是清雍正元年（公元1723年）应蒙古上层人士之请，在东黄寺以西创建的。两寺在同一围墙内，然布局各异。西黄寺初建时有钟鼓楼、正殿五间、东西碑亭等，类似一般寺庙。清乾隆四十五年（公元1780年）西藏六世班禅进京拜见皇帝，因为听说西藏活佛进京，前来拜见的信徒太多，致使六世班禅被传染天花，不久病逝于北京。两年后在正殿后中轴线上建一白塔以葬其衣冠和经咒，塔名清净化城塔。它被建在一

东黄寺内释迦牟尼造像

塔身浮雕

西黄寺清净化城塔

个方形砖砌台子之上，四周有一圈矮花墙。砖台上是方形石砌基座，基座中央建喇嘛塔，塔身下的须弥座上遍布雕刻，非常精致，内容都是班禅六世的生平。四角则建4座八角石幢。塔刹上饰以藏式鎏金铜顶，形状别致而华丽。西黄寺的寺庙建筑在1900年时被八国联军焚毁，民国期间虽重修了一部分，后复又颓败。

"文革"后，在无人管理的情况下，我曾毫无阻拦地进去过。那时两厢住着建筑队的民工和居民，弄得满地垃圾。据记载，塔前原有三开间石牌坊，凝重大方，现已不见踪影，坊后两尊带翅膀的石狮却还健在。改革开放后我再想进去，被告知这里成了高级藏语佛学院校址，闲杂人等不得入内。其实我主要想看那两尊美丽而奇特的狮子，可惜没看成。我曾搜肠刮肚地想找个认识的藏族人，却不得，遗憾之极。

黄寺在历史上曾起过推动汉藏友好的重要作用。1904年，英军因垂涎西藏丰富的地下宝藏，起兵入侵我国西藏，发生了震惊中外的"江孜战役"。年轻的十三世达赖领导藏族人民进行了殊死抵抗。1908年9月，为了向清政府求援，十三世达赖辗转来到北京，便在西黄寺驻锡。在这里，他举行了26次佛事，直到11月28日离京。这期间，来自东北、内蒙古的大批王爷、头人和信众蜂拥而至，80多天里累计竟达万余人次，场面之壮观，前所未有。

雍和宫

雍和宫

雍和宫在内城东北角，是北京地区最大的藏传佛教寺庙。

清康熙三十三年（公元1694年），康熙皇帝在这里为他的四儿子胤禛修造了四贝勒府。15年后，胤禛被封为和硕雍亲王，贝勒府也跟着升为雍亲王府。雍正元年（公元1723年），雍正继承了皇位，这里成了龙潜之地，无人敢用。清雍正三年（公元1725年），它被改造成皇帝行宫，正式命名雍和宫。其实它的真实用途乃是作为皇帝的特务机关粘杆处的驻地。雍正十二年（公元1734年），为结好蒙藏上层，雍正皇帝亲自下令将雍和宫改为黄教上院，供蒙藏僧侣居住。一年后皇帝驾崩，停柩于此，因此整个建筑群重加修缮。首先将亲王定制的绿琉璃瓦顶换成黄琉璃瓦顶，又把南门前的部分向南扩展了很长一段，用以停放灵柩。乾隆九年（公元1744年），雍和宫才正式被当成喇嘛庙。

雍和宫平面呈南北长的矩形，主要入口在南端。为表示它的不同于其他庙宇的显赫地位，这里建了三座气势恢宏的木

大佛

牌坊，前两座各自坐东朝西，第三座坐北朝南。进入这座牌坊后，一条南北向甬道穿过长而空旷的绿地，直达北端并列的三座砖砌门——昭泰门。这条甬道为什么如此细长，而且没有任何建筑物呢？原来，在雍正还是雍亲王时，这座亲王府的大门其实是昭泰门。雍正即位后，把粘杆处设在这里。雍正死后，停灵在昭泰门以南，于是昭泰门南面一长溜地方就归了雍和宫。

自昭泰门向里（也就是向北），建筑极度密集。中轴线上依次为单檐歇山顶的雍和门、面阔五间单檐歇山顶的正殿雍和宫殿、面阔七间的永佑殿以及法轮殿、万福阁，阁后还有一些附属建筑。

在这些建筑里，法轮殿内的五百罗汉山、万福阁内的白檀木大佛、照佛楼内的金丝楠木佛龛并称为雍和宫三绝。原来还有一绝，是照佛楼内价值连城的玉佛——无量寿佛，新中国成立前夕被一些佛门败类盗卖给了美国人。而玉佛头上的纯金佛冠、金伞和额头上的大毫光珠竟至今不知去向。

五百罗汉山在法轮殿宗喀巴像之后，高3.37米、宽3.45米，是用一整块紫檀木雕成的。五百个罗汉由金、银、铜、铁、锡五种金属铸成，每个才10厘米高，然而各个表情十足，千姿百态，呼之欲出。山上配以小桥、宝塔、怪石等，是清代雕塑艺术中的上品。

法轮殿是雍和宫里面积最大的殿。它面阔七间，前后出抱厦，正中对着佛像的头部建攒尖方亭，上开高窗采光。其建筑形式明显的受喇嘛教佛殿的影响。

值得一提的是万福阁，它的面阔、进深都是五间，四周加回廊，是一座二层楼阁。阁内的释迦牟尼立像是用一棵高24米的整木雕作而成。是乾隆十五年（公元1750年）西藏七世达赖为了感谢清政府派兵平叛而进贡的。为了防止倾翻，工匠们将木头埋入地下8米，用地上的16米雕成释迦牟尼立像。其手臂衣带等与主体均雕自这根木头，可想原来的树木何其的粗大，从西藏运到北京又是如何的艰苦。

为了显示佛像的高大，环绕它的楼层有意压低了每层的层高，本来上2层楼就可以够到它的腰部了，却建了3层。这是一种很妙的对比法。

雍和宫因其殿宇体量宏伟，气魄大度不凡，色彩绚丽，还带有几分神秘色彩，每日里吸引了大批中外游客摩肩接踵、络绎不绝的来此一饱眼福。

华严钟

觉生寺（大钟寺）

说起大钟寺，大概不少人都知道。在清代，这里是个极其繁荣的所在。不过自从它附近有了个"金五星家具城"，寺庙反倒被忽略了。

大钟寺的正经名字叫觉生寺，它位于今北三环蓟门桥西，始建于清雍正十一年（公元1733年）春，次年冬完工。因寺内有明代大钟一口，一般人都叫它作大钟寺，真正的名字倒鲜为人知了。觉生寺东隔城市之嚣，西绕山川之胜，地理位置优越。每逢久旱无雨，皇帝必亲来祈雨，因此民间香火旺盛。从古至今，每年正月初一到十五的庙会几乎没断过。

觉生寺气魄宏大，最南端的山门为三开间，两侧有八字形照壁，这是大型庙宇才有的气派。进得山门，第二进院的正殿原来应是大雄宝殿，现陈列部分古钟。其中有原挂于故宫午门之上的乾隆朝钟，钟高2.54米，直径1.57米，重3108公斤。整个钟身下沿铸有乾卦符，钟身铸有22条龙，以乾、龙的形象暗合皇帝的年号。

华严钟　　　　　　　　　乾隆朝钟

　　第六进院子的三开间二层的钟楼是为安放明永乐二年所铸铜华严钟特地建的。等到好容易房子盖好了,又从万寿寺把大钟挪来,赶上雍正突然驾崩,钟放在院子里没敢挂,直到乾隆八年才择吉日挂了上去。不过这一番大动作还是应该的,毕竟华严钟是中华第一钟嘛。

　　钟楼下方上圆,入口与一般大殿的入口相似,上层的圆顶又与圆形的大钟协调。进得殿来只见高6.75米、直径3.3米的巨大铜钟几乎占满了整个大殿。悬挂大钟的大梁,用它粗壮有力的臂膀提着这口46.5吨重的钟。华严钟原来是为钟楼铸的,藏在德胜门内汉经厂。后来考虑到钟楼的梁不够粗,遂移至万寿寺,然后又搬到这里。这个钟没有乾隆朝钟漂亮,但却宏大得多。大钟通体铸了约22.7万字的汉文和梵文的经文。令人称奇的是大钟的音响做得极好,轻敲声音圆润深沉,重击声音高亢洪亮。经专家测定,它发出的音频从22赫兹到860赫兹,可传20公里远。敲它一下,余音袅袅竟可延续20分钟之久。

觉生寺现开辟为古钟博物馆。既为博物馆,各处的大钟们就纷纷被请到这里集合来了。其中我看着最漂亮的要算是乾隆朝钟了。这是乾隆皇帝上朝时敲的钟,偌大的一口钟,通体都是龙,作为铜铸品来说,龙的细腻程度可谓少有。乾隆是个很勤政的皇帝,想来那口钟当初也是天天被敲打的(除了星期天?)可看上去还挺新,可见铸造质量之好。只是敲起来声音可能不如华严钟嘹亮。

如今,每逢新年到来之际,大钟寺都会举行鸣钟仪式。全北京都可以通过电视或直接听到华严钟那嘹亮而悠远的声音,那是中华民族源远流长的历史的声响。

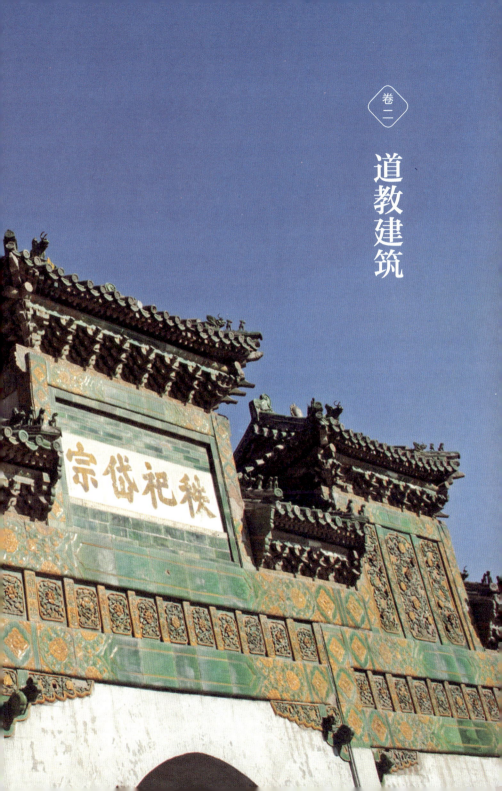

卷二

道教建筑

道家对天文、地理、命运都有自己的一套理论。道家正视现实，勇于实践，积极面对人生。古代很多优秀的军事家、理论家，都信奉道教。由于道教热衷于炼丹，有些道士在长期的实践中研究出了一些药物治病的方法，丰富了我国的医学宝库，也扩大了古代的化学等科学技术和知识领域。

　　道观与佛寺同源于中国的四合院建筑，因此形制基本相同，只是殿宇的名称有所不同。另外，道观里没有塔、幢等佛教特有的构筑物。道家是多神论者，他们的神仙比佛教的还要多，因此需要的建筑面积也大。除了最主要的三清外，尚有四御、三官、真武大帝、三十六天将、八仙、关公、风雨雷电神、土地爷、财神、判官、各种娘娘、钟馗等有名有姓的不下百位。据清代乾隆年间统计，北京城各类庙宇1300座，独占鳌头的就是属于道教的关帝庙，有200座；第二位是属于佛教的观音寺，有108座；并列第三的是土地庙和真武庙，各有40座；第五位是娘娘庙；第六位是三官庙，有31座。这前六位有五位都是属于道教的庙宇，由此可以看出，道教的寺观占了庙宇总数

福建清凉山老子坐像

孙武（孙子）

真武大帝

的小一半。

　　道教寺观的一大特点是神像极多，而且神仙所佑的都是老百姓日常生活里经常遇到的问题，如婚姻、求子、难产，甚至小孩子出麻疹，等等，神仙们大多平易近人，绝不会无缘无故地惩罚你，因此所受香火也多。

　　道教的宗教活动大部分是纪念各种圣祖的诞辰，如玉皇诞辰是正月初九，邱祖诞辰是正月十九，吕祖诞辰是四月十四。再就是上元节正月十五，中元节七月十五，下元节十月十五，等等。其仪式多为院中设坛，以坛为中心讲道游行。逢到大型活动，往往半个北京城的人蜂拥而至，进完了香还要连吃带玩儿热闹一天。仅仅道观是不够用的，附近的大街小巷就都用上了。这类活动被称为庙会，在这里除了给各路神仙烧香上供外，还兼有集市、戏院、小吃店等功能。世俗的欢乐成分往往大过宗教成分。

　　据1930年统计，当时北京城里的庙会有20处，城外有16处，其中大多数都是在道教的寺院里举行的。可惜，如今城里这类寺庙保留下来的已为数不多了。究其原因，可能因为道教的神仙们脾气太好，容易被欺负。当初老百姓没房子住，又不敢去佛教森严的大庙里去。只好到什么娘娘庙啦，吕祖庙等处安身。慢慢地，庙宇都演化成了民居大院，神像也没人修了，庙宇就此败落下去。

白云观

白云观建在西便门外路北。它的前身是唐代的长安观,始建于唐开元二十九年(公元741年),因唐玄宗斋心敬道,遂建此观,当时的名字叫天长观。今观内的老子石雕坐像即为当时的作品。

1160年,契丹人南侵,天长观被焚。6年后朝廷拨款重建。1174年竣工时,观内举行了三天三夜的大道场,并请著名道士阎德源为本观主持。金世宗还亲率百官前来观礼,并赐名"十方大天长观"。金章宗明昌元年(1190年),皇太后病危,在这里做了七天七夜的"普天大醮",一个月后,皇太后的病竟然好了!信不信由你,反正史书上是这么说的,其证据是在十方大天长观以西加建了一个小殿,用以供奉皇太后本命之神。可惜12年后因观内人自己不慎,把这倒霉的十方大天长观又给烧毁了。皇上一看急了:让朕到哪儿进香去啊!第二年就着手重建了。重建后按照惯例得改个名字,这回改叫"太极宫"了。

故事"一言止杀"

金元光二年（公元 1223 年），全真道的长春真人邱处机自西域大雪山（今阿富汗）东归至燕京，成吉思汗赐居太极宫。邱处机是山东人，全真教创始人王重阳的亲传弟子，也就是金庸笔下全真七子之首。金兴定三年（公元 1219 年），61 岁的邱处机受成吉思汗召唤，亲率弟子尹志平、李志常等 18 人，跋山涉水，风餐露宿，历时两年，行程万里，到达大雪山，觐见了成吉思汗。这是 700 多年前中国人的一次长途壮举。帝问治理天下良策，邱答：敬天爱民；问长生久视之道，答：清心寡欲，并进言：欲统一天下者，必在乎不嗜杀人。后乾隆皇帝赞道："万古长生不用餐霞求秘诀，一言止杀始知济世有奇功。"

白云观山门

自此人们都爱用"一言止杀"形容邱处机劝驾戒杀的大功。

四年后邱处机在太极宫羽化，太祖成吉思汗谕旨，改太极宫名为长春宫。第二年他的弟子尹志平在长春宫以东建处顺堂以葬邱祖。

明初处顺堂易名为白云观，以后又经明清两代多次扩建，遂成北京著名的大道观，长春宫倒湮没无存了。

现存的白云观是清初在王常月方丈主持下重修的，大体上

白云观木牌坊

和明代的规模近似。整个白云观的中心建筑群是以前面的邱祖殿和后面的三清阁组成的一个封闭的院子。总平面分三路。中路中轴线上由外向内依次有影壁、牌楼、山门及各进院落。影壁墙上嵌有出自宋末书法家赵孟頫之手的"万古长春"四个绿色琉璃大字。

赵孟頫是宋代就出了名的书法家,后因当了元朝的官,颇受历代文人挤兑,说他失了气节,等等,因此很长时间内书法界没有给他应有的名誉。我个人认为持这些看法的人未免狭隘了。甭管是宋、元还是明、清，不都是咱们中国历史上的一个朝代吗？

为赵孟頫发完感慨，回过头来，便看见一座三开间七重屋檐的木牌楼金碧辉煌，上书"洞天胜境"四个大字，显示着白云观不同凡响的身份。

山门上一块铁铸匾额上书"敕建白云观"五个字，显示此观是皇帝恩准修建的。"敕建"表示此建筑物是皇帝同意建的，绝非违章建筑，但宫廷里是不出钱的。进得山门，见一无水的甘河桥，又名窝风桥。据说祖师爷王重阳曾在陕西一座甘河桥下巧遇异人，授以真诀，于是出家修道。此桥便是为了纪念此事而特地修建的。再向里走，有供三只眼王灵官的灵官殿，供玉皇大帝的玉皇殿，供全真七子的老律堂。整个白云观的中心邱祖殿供奉的是邱处机。邱祖殿虽是正殿，但规模不大，是个面阔三间正脊硬山的建筑，显示出道教的朴素无华。殿内端坐邱处机，墙上是邱老爷子带着他的十八个弟子翻山越岭去大雪山的情景。

白云观的布局和一般佛寺无大差别，只是殿宇规模较小。建筑形式除老律堂用歇山屋顶外，其余均用硬山。装饰和彩画多用灵芝、仙鹤、八卦、暗八仙（代表八仙的器物，如笛子、拐杖等）。最著名的文物是元代书法家赵孟頫所书老子道德经的刻石。

在清代，宫里的太监老了以后多被逐出宫去，却往往不被他们的家人所容，因此多数人的归宿是出家。慈禧太后的二总管刘多生在任时就曾拜白云观方丈为师，方丈给他起了法名刘诚印，道名云素道人。后来，他与高云溪同为白云观第二十代方丈。高云溪是个政治道士，早年在青岛出家时，他认识了一名国际间谍璞科第，后又通过刘诚印搭上了西太后的线。光绪年间，清政府与各国列强签订不平等条约，即为此人牵线。当时高云溪还曾提供白云观的云集园作为秘密的预谈地点。

白云观近年来两度修缮，现为中国道教协会所在地。

丫髻山道观

丫髻山道观在平谷区刘家店镇境内山上。山不算高，有仙则灵。这座山也就300多米高，但因为是从平地突兀而起，看起来还是蛮有气魄的。此山的顶上有双峰，好似小姑娘头上梳的抓髻，所以命名丫髻山。它背靠大山，面向平原，风水极佳，自古被视为仙山。自唐代起，便有道士在此结庐修炼，供奉圣母碧霞元君。元代这里开始大兴土木，建成了规模庞大的丫髻山道观。自此以后，历代皇帝们争先恐后来此烧香拜仙并赏赐名字。至今在半山坡上还可以看见许多皇帝到此一游的碑文记载，说明它是北京所受皇封次数最多的道观。老北京即有所谓"卢沟桥的狮子，丫髻山的碑"之说。大概因此吧，丫髻山香火历来极盛，素有丫髻香火甲天下的美誉。它所举办的庙会几百年来一直是京津冀地区四大庙会之一。

丫髻山道观始建于何时，一直是个谜，但大兴土木的年代肯定始于明成化年间（公元1465—1487年）。这组建筑自山顶至山脚共分三组：最下面平地上的紫霄宫是整个建筑群的主入口；山腰有回香亭；山顶是碧霞元君宫。穿插在这三大组建筑群之间的还有一些单体或小建筑群，用以供奉道教中不计其数的神仙们。整个宫观在时陡时缓的山坡上逶迤舒展，气势宏大。可惜大部分建筑在临近新中国成立前毁于战火，后渐荒芜。至20世纪末，这里已是荒山一座了。自1993年起至今，地方出资出力，已陆续修复了紫霄宫、回香亭、巡山殿等。

紫霄宫是一个两进院子，因尚在修复之中，暂不知供奉何方圣仙。爬一段山之后，可见一座小小的院子，这是三官殿。殿里供着天官、地官、水官，可见人们对水的重视仅次于天地。再往上走便到了回香亭。其山门内的娘娘庙里供着天仙圣母碧霞元君和子孙圣母、天花圣母、眼光娘娘、送子娘娘五位女神。两侧厢房里端坐10位阎王爷，有管算账的，有管刀劈斧砍下油锅的，各司其职。屋檐下柱子上写有一些警世对联，如：人生在世休作恶；古往今来放过谁。再向上爬到山顶，依山傍石颇为险峻的鼓楼令人大有登上仙山之感。

半山腰里有个面阔三间硬山搁檩的巡山殿，供的是土地爷和一白马。为什么一匹白马能放这里受人间香火呢？这其中还有个真实的故事。清初本观住持一位姓李的道长某日独自骑马去40里以外的马驹桥访友，途中忽然犯病，倒在荒郊野岭生命垂危。白马看看不好，立刻飞奔回观，驮了一个人来，将李道长救回。那马却因来回奔跑疲劳过度，回到家里便倒在地上口吐白沫而死。李道长流着泪说："这是匹神马啊！"。为感激

奇险的钟楼

救命之恩，他便在殿里塑了一匹马。不幸后来马与庙俱毁于战火。

300多年以后的2002年农历腊月初，人们正商议着恢复巡山殿，一位名叫张中泰的先生来丫髻山进香。车子开到平谷境内，忽见朗朗晴空之中有白云一朵，形状酷似飞奔的白马，自东北向西南方向飘然而去。上得山来，张先生将此景告诉了一位道士，道士暗暗称奇，便将白马的故事讲给张先生。张先生悟道："莫非我所见的即是此神马？"遂认定自己与此山有缘，于是捐款30万元重修巡山殿，塑土地爷及神马像，以结善缘。

此山虽不高大，却有不少可观之景。半山腰间忽生一片石林，层层相叠，姿态奇妙。石林间钻出松树一棵，道骨仙风，令人赞叹。无怪乎陈立夫老先生为丫髻山题词道：仁者智者之所乐。

东岳庙

东岳庙在朝阳门外神路街口。院子占地71亩,殿堂376间,是道教正一派(张天师派)在华北地区最大的庙宇。元延祐六年(公元1319年),道教大师张留孙自购土地兴建。历经9年,主体建筑终于基本形成。明正统十二年(公元1447年),朝廷出资再次重修。因庙里供祀的是东岳泰山众神,英宗将庙名改为东岳庙,并沿用到现在。清康熙三十七年(公元1698年),庙宇毁于大火。两年后康熙皇帝动用广善库金重修,因此山门上得以挂上敕建东岳庙的匾额。此庙虽经明清两代多次重修,但总平面仍是依照元朝之旧。东配殿一部分梁架、斗拱也是元代遗物,具有很高的历史、建筑考古和艺术价值。

全庙分成三部分:正院、东院、西院。作为此建筑群的前导,正院最南面建一琉璃牌坊,南面书"秩礼岱庙",北面书"永延帝祚"。现如今牌坊已被朝阳门外大街给隔在了路的南面,跟东岳庙分家了。东岳庙没了大门,只好用二门,即瞻岱门的外门代替了。

琉璃牌坊南面

院子北面还有一个门,是瞻岱门的正门,此门面阔五间,单檐庑殿灰瓦顶。进了瞻岱门,可见一个极大的院子。院子东西两侧的配殿被分成一个半开敞的房间,每间是一位或两位司长的办公室,总共76个司,掌管着人间生死及各类犯罪等事项,是一套完整的公检法。我们所熟悉的抗金英雄岳飞以他的正直和无私在这里被推举成了速报司的司长。

在岳飞左手边有一侍童,据说是光绪年间一小太监顾德喜的形象。因顾德喜生得眉清目秀,极像女孩,人们戏称他顾大姐。可他不喜欢这个外号,谁这样叫他他跟谁急。一天,皇

东岳庙

瞻岱门的外门

上跟他开玩笑，也叫了他一声顾大姐，气得他暗地里骂了一句"小王八！"。骂完了一想，坏了，我怎么骂起皇上来啦！这要有人汇报上去，就是灭门之罪呀！于是赶紧逃到东岳庙里求神保佑，后来果然平安无事。他为了感谢这里的神明，特地请工匠按照自己的长相塑了一名侍童，站在岳飞一侧。他还暗中还愿说死后要站到这儿为神明服务。

在现世报应司里还有一间类似监狱的屋子，里面站着一些罪大恶极，被开肠破肚、砍手断足的坏人，看来是杀鸡儆猴用的。

院内元、明、清各代石碑林立，其中以元代张天师神道碑最为珍贵。

妙峰山庙群

门头沟区的莲花金顶有山名妙峰山,山顶有一奇石,形似含苞待放的莲花。古人认为此处颇有仙气,因此在这里开山建庙,所建庙群称为玉皇顶。庙群始建于明崇祯年间(公元1628—1644年),在明清两代可以算得上是宗教中心。这里的寺庙以道教的为主,佛、道、儒、俗四路神仙和平共处各显神通。妙峰山因供的神仙种类繁多,可满足不同人群的不同要求,因而自崇祯年间起,数百年而未见衰败。每到农历四月,自初一开庙半月,香火极盛。半个月进香的人数可达数十万人。除了北京人以外,大批人马来自天津、河北。人们在此朝顶进香、施粥布茶,更有酬山赛事、民间花会,真是"聚名山之奇景,纳福地之精华。"

庙群在抗日战争期间被毁,除了半座舍利塔外,只余一片废墟,满山瓦砾。20世纪80年代以后陆续修复了几处庙群。最东边的是惠济祠,山门内一小院,正殿厢房都是三开间硬山搁檩灰筒瓦顶的建筑。它们还分别有耳房。八九个房间里坐

碧霞元君

地藏王

满了各路神灵。左边耳房供着药神孙思邈，右边供着的地藏王，长得跟唐僧似的。正殿灵官宫供的是以美丽的碧霞元君为首的五位圣母。她们五位分别保佑女人坐胎、顺产、孩子出麻疹等事宜，因关系着平民百姓的日常生活问题，因此拜的人极其踊跃。

在这里，真人和神仙是分不太清的。比如某屋里供着的唐明皇李隆基，是保佑梨园界的喜神。另外，还有小脚王三奶奶，她是给人看病手到病除的神医。在她脚底下不知谁给供了几双小脚的鞋子。右厢房武圣殿供的是岳飞。这些都是真人被神话了。半山腰回香阁的正殿供的妙峰山的主角东岳大帝恐怕就是真神了。左厢房文昌殿还有一位爷，他的任务是保佑赶考的举子，因此，每年高考前考生及家长前来冲他磕头烧香，弄得整个院子硝烟弥漫如同战场。

唐明皇李隆基爱听戏。为了提高演艺水平，也为了就近听戏，他在后宫的一片梨树园里盖了几个院子，办了个戏剧学校。这就是人们称京剧演员为"梨园子弟"的由来。李隆基也被戏曲界奉为了喜神。自唐代在妙峰山建喜神庙以来，不知为何屡建屡毁。民国年间，演艺界的头面人物决定集资重建。1920年5月22日与23日两天，众位"角儿"在吉祥戏院举行义演。登台的有武生泰斗杨小楼、四大须生之一的余叔岩、四大名旦的程砚秋和尚小云等。那两天京城里是万人空巷，连臭脚巡们（交通警察）都听戏去了——反正马路上也没人。可惜这座集资所建的喜神庙在抗日战争中也给炸毁了。

　　再向上爬，就到了庙群的最高峰——玉皇顶。回头一看，远山近庙尽收眼底，确实有些仙山福地的气势。进了一座空荡荡的小院，见一间正殿，里面孤零零端坐玉皇大帝，连个侍从都没有，待遇还不如东岳大帝，真正是"孤家寡人"。哪怕给他捏个王母娘娘陪在身边也好啊。这里倒是有个守卫者，可是你看，他守着一把椅子，睡得正香。我是从他身旁跨过去才进的院子。

　　妙峰山常年对游人开放，香火久盛不衰。

大慈延福宫

大慈延福宫俗称三官庙，是供奉天、地、水府三元之神的庙宇。它坐落在朝阳门内大街203号，但在大街上你却看不见它。你得在一些小胡同里转来转去，方才见得庐山真面目。

大慈延福宫始建于明成化十七年（公元1481年）。原来规模极大，院落坐北朝南，山门竟然面阔七间，在庙宇中实属少见。进了山门，建筑分东西两路，原各有大殿四五重，各殿均有精美的壁画和藻井，神像也都异常高大。全部屋顶都用黑琉璃瓦绿剪边，这在庙宇中并不多见。可惜现仅存东路的面阔三间的正殿、后殿和部分配殿。

在仅存的正殿的屋顶上，明代二龙戏珠斗八藻井和四周的佛龛精美异常，是用75%和98%两种金箔一点一点贴成的。所幸的是在一个幼儿园占用期间加了吊顶，而使这些珍贵的艺术品得以保存了下来。类似的藻井曾经还有一块，在智化寺里。

此庙在崇祯年间香火尚旺，传说崇祯十七年（公元1644

东路正殿

年），李自成兵临城下，皇帝微服亲往此宫求签，竟是连抽三签皆不利，倒霉的皇帝不甘心这个背兴的结果，出得门来，见墙根底下有一测字先生，当即坐下来又要测一回字。先生问："所出何字？"崇祯皇帝略一思考，答道："是个'有'字"。先生问："所测何事？"答曰："大明天下。"测字先生看了他一眼，慢慢说道："不好呀，大明天下就剩一半了。"崇祯皇帝一惊："何以见得？"先生辩曰："大字的一半是一横、一撇，明字的一半是个月,加在一起是什么?"皇帝连忙改口道:"不是这个'有',是朋友的'友'"。先生皱眉道:"这就更糟了,反贼反出头了。"崇祯皇帝心里说:晦气!但还是不甘心,接着又说:"是申酉戌亥的酉字。"那人叹了口气道:"想喝口酒都不行喽,没有水啦!"把个崇祯给气得哑口无言,憋得脸红脖子粗的,回到宫里,当即口谕道:大慈延福宫永不得有香火!果然不久城破国灭,百姓也就不来这里烧香了。

吕祖宫

吕洞宾是八仙之一。北京专门供他的庙虽然不多,但还是有几座的。这里讲的是西城区西二环东侧,在金融街里被众高楼环绕的那座。其实它的前身是一座火神庙与地藏庵合二而一的庙。俩庙分属道教和佛教,所供的神明火德真君与地藏王隔着一道墙和平共处。后来大概庙小香火差,就荒废了。

清咸丰年间,一位名叫叶合仁的居士出资买地20余亩,将庙宇修复,改祭吕祖,建筑更名为吕祖宫,属道教全真一脉。你猜猜在这座宫里供着多少位神明?50?100?告诉你吧,连道教的带佛教的总共147位!其中"纯阳演正警化孚佑帝"为正神。在这里他们共同接受不同教派的信众的香火,绝不闹派性,挺平和的。

"纯阳演正警化孚佑帝"就是我们所说的吕洞宾。他是山西人,姓吕名嵒字洞宾,号纯阳子。传说他生于唐贞元年间,据说他出生时有白鹤飞到他母亲的帐子里。在古代,不凡之人降生时都得有点儿不同凡响的动静,雷电交加啦,鸟兽

吕洞宾

入室啦。不过信不信由你。吕先生一辈子读书科举,传说直到64岁才中了进士,比《儒林外史》里的范进还强些。考完了,也考中了,老吕坐下来一想:我都一大把年纪了,才考上个进士,要想当官,还得待分配一阵子,等当上官,也该退休了。哎,没劲。一日坐在小酒馆里正喝闷酒,遇一仙人。仙人看吕洞宾仙风道骨的,就加以点化。从此他隐匿庐山,潜心修行,100岁时鹤发童颜,终成正果,也就是说成了仙了。以后,好几个信道教的皇帝都给他封有名号。这个"纯阳"什么的,就是元成宗铁穆耳给他封的。

后来这座庙又再度破败了。2000年5月修建金融街时,在

吕祖官院门

这里刨出一块石碑,虽然字迹已模糊不清,碑体却还完好,人们认为这是吉兆,且在残墙断壁上还发现一幅墨线的壁画"猛虎下山",遂出资重修吕祖宫。2009年竣工。北院挂了北京道教协会的牌子,南院挂了"吕祖宫"的匾。

花市火神庙

几年前我去看花市清真寺,在马路西口见一古庙正在修复,于是进去看了看。人们告诉我,这是一座火神庙,祭祀的是火德真君。那时这里的原住户刚刚搬迁,满地狼藉,唯有一块石碑的基座静卧其间,看来是古物。

细看图案,是一龙一凤正在玩火,这更证明它是火神庙的原物了。感谢这里曾经居住过的居民,没把它给毁了。看来有文物保护意识的还是大有人在的。

今番再次前往,远远地喜见庙宇已然修葺一新了。走进了一看,不禁哑然失笑,原来它已被当作了图书馆书刊外借处。想来可笑,书籍是纸的,属易燃物,放在火神庙里,哪天火神一怒之下……

山门显然是新修的,门外不锈钢的牌子上写着:"花市火神庙,始建于明隆庆二年(公元1568年),清乾隆四十一年重修,为神木厂悟元观下院。供奉火德真君。自明代始,每月逢四之日均有庙会,以售绫绢、纸、鲜花为主。该庙中轴线

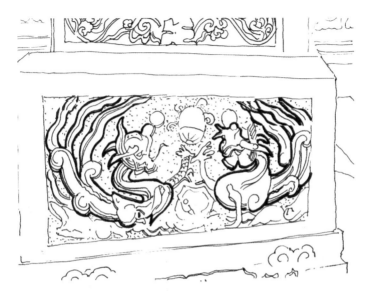

石碑底座

设有山门、大殿、后殿等，两侧建有附属建筑。大殿为勾连搭形式，正脊正面为六条龙，配葵花、菊花等纹饰；背面为六只凤，亦配有花卉纹饰。整个建筑具有较高的艺术价值。2003年公布为北京市市级文物保护单位。"

勾连搭建筑就是两栋房屋一前一后连在一起，而说明里所述正脊令我大感兴趣。既然是外借处，进门是不费劲了。到了大殿一看，火德真君不知去向，问守门的保安，说不知道，很遗憾。不过正脊确实有龙，而且当中还高高地竖着一根火把，这是其他庙宇所没有的。可背面的凤长得什么样呢？这得上后院去看。

正脊正面的龙

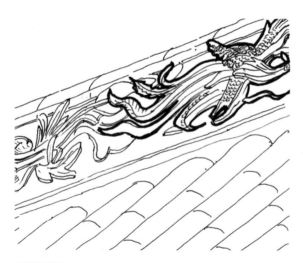

正脊背面的凤

火神

有牌子表明后院属内部区域,幸亏铁栅栏门半开半掩。老公冲我一眨眼,便向警卫室走去,我明白了,于是快步钻进铁栅栏门。找好位置正抬头间,一保安跟踪追击,已到跟前:"这里不许进来!"我态度诚恳地说:"对不起,我们是学建筑的,不远万里回到中国,为的就是看看这个漂亮的屋脊。我保证不往下面看。"保安看我不像什么歹人,且光看天不看地,就通融地站在一旁了。拜他所赐,本书才有了这龙凤脊的图案。

原来北京地区的火神庙有很多,这说明在没有现代救火队之前,失火是常有的事,因此需要一位神明把火管理起来,别让它任意肆虐。

卷三

伊斯兰教建筑

在北京之外的中国其他地方，明代之前的伊斯兰教清真寺多做成穹苍顶、尖拱门，带有浓厚的中亚风格。最典型的是唐高宗咸亨四年（公元673年），阿拉伯传教士艾比·宛葛素在广州建的怀圣寺，看上去完全是阿拉伯风格的。明朝中期以后，皇帝强行命令在京的清真寺必须与汉族传统建筑形式结合。于是他们就令人遗憾地放弃了穹顶、尖拱。现在北京所看到的清真寺建筑形式几乎都是传统的大屋顶，外表看上去很像一般的寺庙。而新疆、青海和宁夏的清真寺就别是一种风格了。

在阿拉伯和中东等信奉伊斯兰教的地区，礼拜寺建筑往往带有古拜占庭建筑的特点，即基本组成为向院子敞开的大殿，当中有一个雄伟壮观的绿色穹顶和高高的塔状呼唤楼，远望一目了然。礼拜寺既是一个居民区的社会活动中心，也是一个村乃至一个城市的标志或构图中心。遗憾的是这一点在北京显然做不到。

清真寺的中心部分礼拜大殿一般布置在整个寺院的中轴线上，它的平面多为凸形，无论寺院的入口在哪个方向，这座大

新疆吐鲁番额敏寺

殿必须坐西朝东,为的是做礼拜时人们要面向圣地麦加方向顶礼膜拜。朝向麦加的后墙叫正面墙。在墙壁正中一般挖出或用带门洞的隔墙隔出一个小空间,称做凹壁(米哈拉布)或窑殿。其主要作用是识别礼拜的朝向。窑殿前上方往往高耸起一个的方形小屋顶,它既可采光又兼通风,另外也可以让带领做礼拜的人说话时增加共鸣,起到麦克风作用。

　　大殿内的装饰往往是礼拜寺内最辉煌的。在它上面有精细的木雕镌刻的古兰经经文,有的还有镏金的。礼拜殿的地面多

广州怀圣寺

新疆喀什艾提尕尔清真寺

牛街礼拜寺大殿

为木地板上铺绒毯,供礼拜时跪着用。殿内右前方有一个木制阶梯形讲台,称为敏拜尔,是讲经的地方。

其他附属建筑物还有望月楼、邦克楼、浴室(俗称水房子)、教室等。每个清真寺无论大小必有浴室,人们要以干净的衣服和躯体去觐见真主,以表示对安拉的尊敬。为了防止妇女受到伤害,她们不但要遮住除五官以外的所有部位,而且做礼拜时为女人另设一个女殿。大一些的寺里还有教室,穆斯林们要在这里学习宗教知识、阿拉伯文的古兰经。有的寺里还设有图书馆、资料室等。

清真寺建筑不用动物形象做装饰题材,你要注意一下,可以发现清真寺的大门口没有守门的狮子。而且,为了基本保持中国建筑的风格,屋顶上的脊吻还放了个龙头模样的东西,但是在应该是眼睛的位置被水纹浪花所代替。清真寺内部众多的装饰纹样都是几何图案、花草纹样或阿拉伯文字的古兰经文。

在明代,北京的伊斯兰教有四大官寺,即:清真(东四)、礼拜(牛街)、普寿(锦什芳街)、法明(交道口)。所谓官寺即此寺的阿訇被皇上封了官衔,有冠带袍服,吃皇粮,免差役。这四个清真寺中,法明寺早已改为学校,无迹可寻了,另外三座清真寺保存完好并多次修缮。明清两代皇帝多拜佛、道的寺庙,因此常有"敕建"的,对于清真寺,则给予"敕赐"的礼遇。凡"敕赐"的寺,大殿均做庑殿顶以示地位显赫。

清代之前,很多回族人是富裕的商人,他们大都住在东单、东四一带,因此那时东四的清真寺规模最大。清朝入关后,李

常营清真寺窑殿的背后

自成旧部滞留城内的少部分人坚持与清兵周旋，伺机杀伤小股清军。但躲在墙根冷不丁给清军来一刀，也够头痛的。于是顺治皇帝做出决定：城里按指定区域留住满蒙八旗，其他民族一律迁出，"清一色"这个词就是由此而来。当时，大多数回族人被赶到了南城牛街、广安门一带，牛街礼拜寺遂成北京最大的清真寺。各区的回族人聚集区也建有清真寺，其中蓝靛厂、树村、安河桥三个寺是由清朝时为皇家大型建筑圆明园施工的工人建的。现北京的10多个区里约有大小清真寺70多座。

牛街礼拜寺

传说牛街礼拜寺是北宋太宗至道二年，即辽统和十四年（公元966年），一位自阿拉伯来中国传教的大师创建的。明代曾两次进行大修，明宪宗更亲自赐名"礼拜寺"。现存的建筑是经清康熙三十五年（公元1696年）重建的，但大殿内的柱、拱门和后窑殿还有可能是明代的遗物或式样。寺内还有两座元朝时伊斯兰教徒的墓，表明此寺的悠久历史。

由于此寺建在牛街东侧，寺的大门只能朝西。它瑰丽的入口由寺前牌坊、影壁和平面为六角形的望月楼共同组成。不过按我的观点，它们显得太挤了。不知道是地段所限，还是某种特殊的理念？

整个礼拜寺有三进院子。第一进是个过道，以便倒卷帘式的进入二进院子；第二进院子，正中是大殿。大殿的四个重要建筑从后往前分别建于辽代、明代和清代。大殿两侧还有碑亭和两层的邦克楼。邦克楼原来叫尊经阁，是于日出、日落和中午时分呼唤教徒出来礼拜的地方。邦克楼初建于元代，明弘治

礼拜寺入口

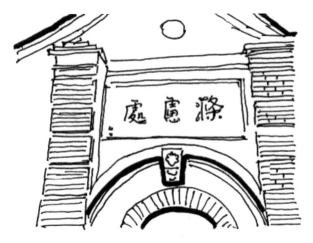

水房子入口

九年（公元 1496 年）重建。楼门圆券上砖雕细致精美。

两侧配殿为讲堂，正东有七开间的文物陈列厅。第三进的是后院了，这里全是附属用房。此外，南跨院还有供教徒礼拜前做大净、小净用的浴室和宿舍等。在浴室上方有一匾额，上书"涤滤处"，有身心具洗的意思。

寺中建筑皆用中国传统木构，但在彩画装修上带有浓厚的阿拉伯风格。如拜殿部分的梁柱间做了伊斯兰风格的尖拱，各种彩画均采用带阿拉伯风格的图案，而用中国的金红色调和沥粉贴金的做法，两者的结合收到了极好的效果。大殿内多道色彩绚丽、雕刻细腻的落地罩，形成了极其华丽而又不失端庄的气氛，令人叫绝。仔细观察细部，还能看出中东的阿拉伯建筑的一些特点。比如落地罩的顶部做成伊斯兰教建筑门窗上部常用的火焰纹。另外，从窑殿的构造上也还能看出中亚伊斯兰教建筑的面貌。它是中国伊斯兰教大寺中的一个比较完整、具有一定典型性的佳例。

花市清真寺

东城区西花市的路南有一座古老的清真寺,但是在花市大街上却很难见到它。如果你碰巧在它南面的广安门大街上东张西望,倒没准儿能看见它那接连好几跨的绚丽的绿色琉璃瓦屋顶。要是在花市大街上,你可得仔细寻找一番了。直到看见路南一座灰砖的西式券门后,从一些小铺子里钻进去,才能在一个小得不能再小的院子里看见它的坐西朝东的大殿。

上面的一段说的是六年前的情况。前日再去,变化极大。门面修葺一新了,里面也扩大了许多,加了水房子。

在它的大殿北墙一条花岗岩上刻着:"大明永乐十二年岁次甲午春仲吉旦修建",崇祯元年重修,康熙四十一年春仲月重修等字样。由于是同一笔体,可见字是康熙年间重修时根据史料记载篆刻的,说明此寺初建年代是公元1414年,距今已是600多年了。

受地理位置所限,花市清真寺在马路南面,入口只好开在寺的北端。穿过一条短胡同,在小小的院子里塞着一座碑亭。

大殿背后

这是个重檐歇山琉璃亭。

正殿屋顶为绿琉璃黄剪边,有四间进深五开间,内部宽阔深邃。传说这座大殿的梁是用一种特殊木料做成的,人们称之为孔雀木。因为即使开着门,鸟雀也不敢飞进来,据说是怕见百鸟之王。至于其科学道理还有待专家的研究。

大殿的后部有高起的天窗状小楼。如前所述,它建在大殿最后方,为的是讲经时扩大声音用。

大殿前部

碑亭及水房子

东四清真寺

东四清真寺在东城区东四十字路口西南，初建于辽代，据说是由"筛海"尊唯默定的另一个儿子撒那定创建的。明正统十二年（公元1447年），回族官员陈友捐出俸禄重修，现多以这一年作为建寺的年代。

全寺占地5500平方米，建筑坐西朝东，由一条中轴线将三进的院落穿了起来，最东端临街的入口是一扇面阔三间的硬山正脊大门，这是新中国成立以后改建的。我以前路过这里，一直以为它是某王府大门。

进得门来，但见第一进院子古木浓密，两侧的阿訇办公室、图书馆及水房等，干净整齐。向前看，是一排有五座砖券门的过厅，拱门上刻有精细的古兰经经文。穿门而入，第二进院子里广栽花木，西面一座垂花门乃原明成化二十二年（公元1486年）唤礼楼被地震震倒之后改建的。唤礼楼顶上的大圆铜顶奇迹般的完好无损，被放在正殿北墙下很长一段时间。

进入第三进子院后，正面就是主建筑礼拜殿。这座大殿高

东四清真寺大门

大宽敞，前出面阔三间的抱厦，主殿面阔五间，后有面阔三间的窑殿。这三进建筑均为无梁殿，殿与殿之间的两道厚厚的砖墙上各开两座券门。正面的墙上开三座券门，虽经历多次地震仍巍然屹立，可见古人设计施工技术之高超。殿内彩画相当程度上保留了明代的风格，难能可贵。多年来此寺几经重建，现有建筑除窑殿外，大都是清代重建的。

寺内还有两大古迹，一是明万历七年（公元1579年）的《清真法明百字圣号》碑，立在大殿前。不过因字迹不大清楚，我又缺乏耐心，没有读懂碑文的意思。二是手抄本的《古兰经》，已有几百岁了。

东四清真寺现为北京伊斯兰教协会所在地。

马甸清真寺

马甸清真寺始建于元代,在元大都内北城。想来那时蒙古人带来的来自西域的民族信奉伊斯兰教。此寺临街大门为砖砌拱券式门洞。门内两进院子,有一道木构垂花门将它们分隔开来。正殿礼拜大殿原来建有窑殿,20世纪80年代重修时因后半部分已被蚕食,无法再建了。正殿两边为南北讲堂、女殿、水房子等。院内有与寺同龄的700年老槐树数棵,绿影婆娑,老当益壮。

马甸清真寺山门

卷四

天主教建筑

西方天主教堂的平面一般为十字。十字那长的一竖总是东西走向的，西端是神龛，入口在东边。看来咱中国有上西天的说法，外国人也有类似的认识。早期的教堂结构多数是中跨用拱形结构，两个边跨也用同样的结构，用以平衡中央大拱的水平推力，后称它们为罗马式。12世纪开始流行哥特式，即在中跨使用尖券、尖拱。这种结构体系玲珑轻巧，柱子也变细了。它的建筑形式外表瘦骨嶙峋，挺像受难的耶稣，内部空间高耸，令人感受到上苍的神秘，很受宗教界青睐。

天主教的教堂传到中国基本上没怎么走样。究其原因，一是天主教进来得比较晚，大量兴建教堂的年代是在比较能接受各种流派的晚清；二是掏钱建教堂的多是外国教会，谁拿钱谁说了算。综观北京市内的几个天主教堂，基本式样不是仿文艺复兴式如东堂，就是仿哥特式如北堂、东交民巷堂。其中哥特式因其外部高耸的尖塔和内部挺拔的尖券所烘托出的向上感，特别受到教堂建造者的青睐。这种天主教堂利用高耸的空间和硬质的、几乎不吸音的室内装修材料（砖柱子不抹灰及大面积

天主教彩画

东堂夜景

玻璃窗），刻意追求较长的回声（建筑上称作交混回响时间），使得神父的话语和管风琴的乐音带有天外之音的神秘感。即使你没去过天主教堂，你也可以设想一下，神父一声洪亮的"孩子们"在屋里嗡嗡地响上5秒钟，会使人们的心理产生多么神圣的感受。

唯独在朝向这个问题上，外国天主教堂与中国宗教建筑有所不同。外国的大门朝东，这不符合中国传统的坐北朝南的习惯和北京的气候，因此在建造教堂时，朝向往往因地制宜，灵活掌握。天主教信奉圣母，北京的大多数天主教堂都要在室外另造一个亭子或一座假山，尊让圣母站立其间。这种红柱子绿琉璃顶的中式亭子和洁白的圣母像显得还挺和谐。较大的教堂还附设供新教徒洗礼的房间、神父住宅、修女院等。

经介绍，我知道了北京的天主教堂总共是17座。城内有8座，即东堂、西堂、南堂、北堂、东交民巷堂、南岗子堂、平房堂、东管头堂，郊区还有几座。于是我开始从城里到城外走了一个遍，一个也没少。

南堂（宣武门堂）

宣武门天主堂，俗称南堂，位于北京市西城区前门西大街141号，是北京历史最为悠久的一座教堂。它是在明万历三十三年（公元1605年）由意大利籍传教士利玛窦兴建的。早期的南堂名叫宣武门礼拜堂，规模很小，而且是中式的，仅在屋顶上放了个十字架，表示这里是个天主教堂。

清顺治七年（公元1650年），在德国耶稣会传教士汤若望的主持下，宣武门天主堂在其原址上开始了翻建工程，两年后一座大教堂建成了。不过风格还是中式的，我想这是老汤的聪明之处。他深知中国皇帝们的保守和自尊，心想好容易站住脚，别因为一座洋式的房子再被轰走了。

康熙四十二年（公元1703年），已然破旧的宣武门天主堂重修工程开始。康熙已经能接受一些外国东西了，甚至还请了外国人来教皇子们西学。于是新教堂采用了欧式风格。康熙五十九年（公元1720年），京西发生地震，南堂建筑被损毁，次年重建。重建的南堂采用了当时在欧洲非常流行的巴洛克式建筑风格。

那时的人们不懂抗震结构，中式建筑因为是榫接木构，问题不大，可这些洋式的高大建筑就屡屡被毁于地震。雍正八年（公元1730年）南堂再次在地震中损毁，雍正皇帝专门赐银一千两重修了南堂。重修后的南堂延续了原先的巴洛克式建筑风格，门窗屋顶皆用穹隆设计，显得更加敞亮和气派。乾隆四十年（公元1776年）南堂又毁于火灾，乾隆皇帝赐银一万两用于恢复教堂原貌，并且手书"万有真原"的匾额赐予教堂。

1900年义和团运动爆发，宣武门天主堂和其他教堂一样遭到了义和团团民的围攻和破坏。

1904年用清政府的赔款重修的南堂主堂和附属建筑竣工，这就是人们今天看到的宣武门天主堂的建筑。

宣武门天主堂共有三进院落，临街的主入口类似中式的宅院大门，东跨院为教堂的主体建筑，西跨院为神父们的起居住房。另外还有天文台，藏书楼，仪器室等。教堂主体建筑为砖结构，面向南方，正面的建筑立面为典型的巴洛克风格，最上面做了断檐口。下面三个宏伟的砖雕拱门并列，将整个建筑立面装点得豪华而庄严。建筑里外磨砖对缝，精美的砖雕随处可见。妙在这些雕刻在外国应为石雕，这里改为了中国传统而拿手的砖雕，大大减轻了施工难度并节约了造价。堂内四周的彩色大玻璃窗渲染出了天主教堂的气氛。

教堂建筑的室内空间运用了穹顶设计，两侧配以五彩的玫瑰花窗，整体气氛庄严肃穆。可惜院子有点挤，树又太多，很难看到整个立面。

南堂

东堂（王府井堂）

王府井天主堂，俗称东堂，又名圣若瑟堂、八面槽教堂，位于北京市东城区王府井大街74号，是耶稣会传教士在北京城区继宣武门天主堂之后兴建的第二所教堂。

东堂始建于清顺治十二年（公元1655年），本是清顺治皇帝赐给两名外国神父利类思和安文思的宅院。这两人于明末就来到了中国，开始没摸到门路，只好猫在四川传教，不知怎么竟被清兵俘虏，带到了北京，赏给肃亲王府当差。这下正中下怀，二人在干活儿之余开始传教，把王妃都发展成教徒了，于是被王爷推荐到皇宫内。皇帝恩准给他们俸禄并允许传教，还赏给一块地盖房子。二人在自己宅院的空地上建了一个小教堂，就是最早的东堂。

后北京郊区发生地震，东堂倒塌，后来费隐重建了王府井天主堂。传教士利博明作为建筑师设计，清宫廷画师郎世宁主理了建筑的绘画和装饰。当时的教堂门窗均有彩色玻璃花窗装饰，堂内圣像很多出自郎世宁之手，有着极高的艺术价值。

嘉庆十二年（公元1807年）东堂的传教士在搬运教堂藏书过程中引发火灾，包括郎世宁手绘圣像在内的大批文物被焚毁。本来清政府对天主教就不感冒，这次火灾更是直接导致了政府没收房产，拆除教堂。

到咸丰十年（公元1860年），朝廷再次允许信洋教，将东堂还给了教会。所谓的东堂此时仅余街门和一堆瓦砾而已。光绪十年（公元1884年）一位叫田类思的主教从国外募捐到一笔款子，重建东堂。6年以后的1900年，还没新够的东堂又被义和团烧掉。光绪三十年（公元1904年），法国政府批准用部分庚子赔款重建教堂，现在的东堂就是那时建的。瞧瞧，七灾八难的，也够曲折的了。

小时候我来王府井，路过这里时总觉得那灰灰的高墙里有什么神秘的东西。其实里面就是个院子，外加一座硕大的教堂。想来那时候人太矮，没看见教堂的顶子。

东堂的建筑为罗马风格。它坐东朝西，建筑整体坐落在青石基座上，正立面共有3座穹顶式钟楼，楼顶立十字架3座，中间一座钟楼高大，两侧的钟楼和穹顶较小。教堂内部空间由18根圆形砖柱支撑，柱径65厘米。

1988年王府井大街的改造开始，东堂周围的建筑陆续拆除。2000年，政府拨巨款将东堂内外整修一新，拆除院墙，扩建堂前广场，改建圣若瑟纪念亭，还加了喷泉地灯。亭内雕像洁白，入夜灯光绚丽。东堂迎来了它历史上从未有过的辉煌，

从大街上看东堂

成为市内最雄伟壮观的天主教堂。而且原本被院墙圈着的教堂得以露出它的真面目,与广大市民直面相见。它的光彩绚丽不但令教众们引以为荣,更为北京的街景增添了许多光彩。每日里前来观赏的人群络绎不绝。

值得一提的是原有院门因在道路红线以内而不得不向里挪了两米。但其建筑风格和色彩与教堂配合得<u>丝丝</u>入扣,以至于不少老北京都以为它是原来的老院门。

北堂（西什库堂）

　　北堂原址在中南海湖畔蚕池口，今老北京图书馆斜对面。康熙四十二年（公元 1703 年），将近 50 岁的康熙生了疟疾。当时外国已经发明了奎宁，两名法国天主教教士洪若翰、刘应治给他吃了这种特效药，治好了他的病。皇上一高兴，赏赐给他俩一块地，就在蚕池口。看来是想离紫禁城近点儿，好让他们离皇上近点儿。他俩在这里建了个小教堂，名救世堂。到了道光七年（公元 1827 年），教堂被没收。1860 年，英法联军打了过来。大概是怕得罪洋人，清政府赶紧又将教堂还给了教会。清光绪十六年（公元 1889 年），中南海扩建，因清政府担心有人从高高的教堂钟楼里窥视中南海，遂与法国公使商定，将其拆除后由清政府拨银 45 万两于西安门内西什库易地而建。

　　1900 年义和团运动爆发，西什库教堂成为拳民进攻的焦

北堂

北堂的雕塑

点,在当时的义和团营中曾经有顺口溜道:"吃面不搁酱,炮打交民巷;吃面不搁醋,炮打西什库。"

1900年6月15日傍晚,由端王载漪所率领的一队义和团开始进攻西什库教堂。当时教堂中除了教士教徒3000余人外,还驻有40余名法国和意大利士兵。双发展开了长达两个月的激战。义和团挖地道、埋地雷,教堂里面则用枪炮回击。由于缺少粮食，教堂里的人将骡马全部吃光。8月16日，八国联军攻陷北京后组建了专门的解救队，在经过了半日激战后，攻打教堂的清军和义和团四散撤退，轰动一时的西什库教堂事件告终结。

西什库教堂是一处中西合璧的建筑，它是由一名法国传教士根据巴黎圣母院的形式设计的。教堂的主体建筑为一座3层哥特式建筑，顶端共由11座尖塔构成，建筑平面为十字形，建筑面积约2200平方米，主体建筑高16.5米，四个塔尖高约31.4米。教堂建筑的正面有3个尖顶拱券形入口，入口拱门之间雕刻有四圣像，建筑正立面上的门窗均用汉白玉石刻装饰，正门中央主跨上有一扇瑰丽的圆形玫瑰花窗。于青松翠柏环绕之中越发显得洁白挺拔。主堂四周则有大小不一的80面玻璃花窗。大堂之后还有可供400人活动的唱经楼。北堂室内高大宽敞，柱子上挂着对联，是具有中国特色的天主教堂。整个建筑的基座是传统的中式台基，环以汉白玉栏杆，栏杆和栏杆上的装饰均为传统的中式设计。另外，教堂的前方左右两侧各有一座黄琉璃瓦重檐歇山碑亭，亭内安放乾隆皇帝手书御碑。

1985年重修后，西什库教堂显得越发辉煌秀丽。

西堂（西直门堂）

西直门内大街130号的西堂有好几个名字：西直门天主堂、圣母圣衣堂、西堂。它虽名列北京四大天主教堂之一，却是其中历史最短、规模最小的一个。

康熙四十四年（公元1705年），罗马教皇派遣多罗枢机主教作为特使来中国宣布教皇敕令。他的随员，意大利传教士德理格神父也不知为什么受到康熙皇帝的青睐，成为了教授皇子西学的教师，于是德理格神父便留在了中国。雍正元年（公元1723年），德理格自掏腰包，在西直门内购置土地，再由意大利传教士兼音乐家百特里尼主持修建了西直门天主堂。

清嘉庆十六年（公元1811年），清政府颁布命令严禁天主教，天主教传教士除在政府供职者外，一概不许居住京城，并不许从事传教活动。于是西直门天主堂的四位神父被驱逐出境，西直门天主堂被拆除，地产查没。

1860年第二次鸦片战争后，根据清政府与英法等国达成的协议，恢复了天主教在中国活动的权利。可西堂早已成为民

西堂旧景

居多年。当英法等国洋人要求清政府归还教产的时候,咸丰问道:"东西二堂究在何处?"步军统领衙门赶紧察访西堂,找到"西直门横桥,有粉房一座,官房排子房等房十八间。后面空院。有汉军陈姓、民人刘姓各住宅,均系旧西天主堂基"。同治六年(公元1867年),西直门天主教堂新堂重建落成,1900年西直门天主堂被义和团毁坏,直到1923年,在原址第

西堂

西堂内部

三次重建西直门天主堂。在西堂入口处的墙壁上,镶嵌有一块石碑记载了西堂的历史。

西直门天主堂为哥特式建筑,面积较小,原本建有一座3层高度的尖顶钟楼。民国某年地震后,钟楼出现裂缝,为了安全而拆掉。现仅余一座1层楼高度的八角形墩台,教堂在周围建筑的映衬下显得颇不起眼,但教堂内部高大的科林斯柱和尖顶券窗使得教堂从内部看来高大华丽。

东交民巷天主教堂

东交民巷天主教堂位于台基厂大街 14 号。它是 1902 年由法国人高司铎创建的，而后又经他的同胞斩利国扩建。过去为住在东交民巷的外国人所用，现划归北京教区。它的面积比东、西、南、北四座教堂都小，但建筑最考究。院子的北侧有一座二层小灰楼，是神甫及神职人员的住处。圣堂在院子西部，坐北朝南。此教堂从外到内都是典型的哥特式风格。三个主尖塔和多个尖塔状装饰物上下呼应，相得益彰。可惜教堂前的院子比较狭小，我在墙根处几乎头朝下才照到了它的塔尖。从教堂内部看，主副跨 3 间，进深 14 间，32 根深红色细高圆柱支撑着浅黄色轻巧欲飞的尖券，给人以一种特殊的感受。

此堂一度用作小学，1986 年小学迁出后经重修恢复了宗教活动。

东交民巷天主堂

乡村天主教堂

在北京市郊区有8座天主教堂,建在教徒较多的村庄里。一般建筑面积在100~200平方米。虽是农村教堂,但在朴实的基础上尽心修饰,力求有性格,有特色。每个教堂里的神父年纪都不大,30岁上下吧。大多是近年来神学院的毕业生,奇在籍贯多为内蒙古。

通州区内有3座:龙庄天主教堂,牛牧屯天主教堂,贾后疃天主教堂。龙庄天主教堂老堂始建年代不可考,老乡说:"总有100多年了吧!"1998年新建,为一红砖建筑,矗立在村西,正立面朝南,高高的尖塔直指蓝天,颇为壮观。

贾后疃天主教堂老堂建于1897年,新堂建于1986年,2000年再度装修。外形类似南堂。3个半圆的拱形屋顶很有特色。

大兴区有两座:牛坊天主教堂,西胡林村天主教堂。

西胡林村天主教堂是一座灰砖建筑。一看形式就知道是仿城里的南堂,连院落布局都极相似。入口处第一进院子西侧为

贾后疃天主堂

西湖林天主堂

圣母山，神父住在绿荫覆盖的西院，东面是主教堂。灰色的墙面，白色的装饰线，宁静和谐。

门头沟区也有两座：后桑浴村天主堂，曹各庄天主堂。

后桑浴村天主教堂是北京地区最古老的天主教堂。早在元末元统二年（公元1334年），就建有一座小教堂。教堂门口狮狗身上刻的"镇宅吉利，怀林德义"可以为证。光绪二十一年（公元1896年）教堂扩建。抗日战争时毁于战火。1988年翻建为今日所见之新教堂。高耸的白色塔尖在雄伟的大山烘托之下透出感人的壮观。依山修筑的一条曲曲折折的苦路通向半山腰的圣母山，构成它所特有的气势。

此教堂的神父曾在抗日战争期间掩护过八路军和老百姓。据当地老百姓说，那时的神父还曾掩护过前北京市副市长焦若愚同志。

距北京市区最远的教堂是延庆区永宁天主教堂。它始建于1902年。虽然远在山区里，却是一座极有气魄的教堂。4个尖塔冲天而起，像是简化了的北堂。2000年我去的时候，那里的神父姓张，和我同姓。他原来是北京市某中学教师，后信奉了上帝，去神学院进修后就到这山沟里来传播上帝的声音来了。他极力劝我信上帝，我说我跟成吉思汗一个观点：上帝啦，佛爷啦，安拉啦，我都尊敬。

当天还有一场奇遇，去永宁的那天走到半路下起了小雪。我犹豫了一下，因为开着车下雪翻山是件危险的事。但路都走

后桑浴堂

永宁堂

了多一半了,况且我是属马的,"好马不吃回头草",还是往前走吧。参观结束告别张神父时,他送给我一张耶稣的相片,说是能保佑我平安无事。我把相片放在前挡风玻璃里就打道回府了。半路上还真差点出事,下山时速度快了点,在雪地上车子忽然失控。我下意识地一踩刹车,乖乖不得了,车子一下子打了横,冲向路边,在两棵树之间停了下来。我往前一看,竟然离山崖还有2米。吓得我腿都软了,10分钟没敢倒车。呵呵,没翻车说不定真是受了耶稣"庇护"呢。

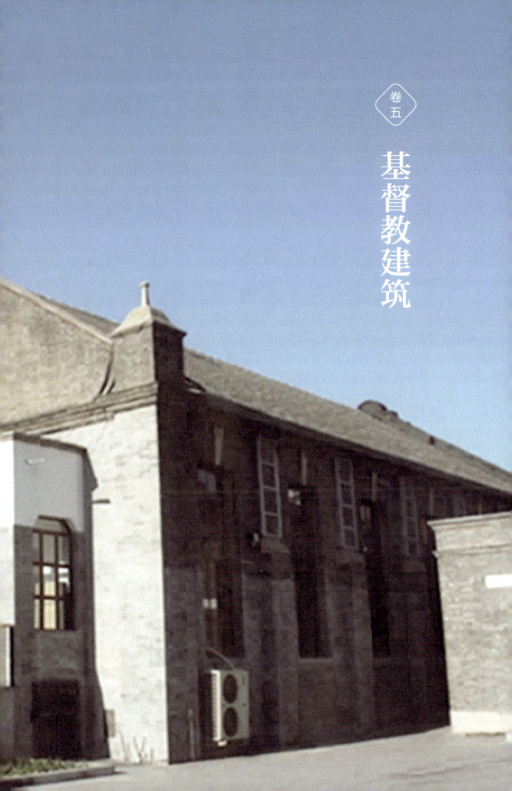

卷五

基督教建筑

以前基督教在北京的势力不如天主教大，这是因为早期在北京站住脚的外国势力都是明朝或前清就进来的老牌欧洲强国，在这些国家里天主教的势力较大。等到后来，坐了末班车的美国和一些以新教为主的国家再挤进北京来就比较费劲了，多数只好去了南方。基督教是在资本主义阶段发展起来的新教，教规比天主教民主化、平民化，北京的基督教堂建筑形式没有一定之规，有的类似一般单位的礼堂，更有的仅为几排民房而已。教堂内设一排排的椅子，信徒们可以坐着听讲。基督教的主教堂往往不太大，而且常设好几个分堂，做礼拜时只要听得见牧师讲课就行了。教堂里也有供新教徒洗礼的房间和设施。

亚斯立教堂

亚斯立教堂

1870年,卫理公会在崇文门内孝顺胡同建了亚斯立教堂。1900年义和团起义时教堂、学校同时被毁,1年后重建。借着重建时清政府要多少钱给多少钱的机会,卫理公会采取大肆强买和派学生硬待在人家屋里不走的办法,强占了周围不少民房,使他们的地皮得以大增。1903年在这里盖起了教堂、办公室、住宅,并扩大了1872年创办的慕贞女校,甚至还开辟了3块坟地。学校的教师都是教士,他们强迫学生信教,禁锢学生思想,因而得了个外号"模范监狱"。慕贞女校现改名为125中学。现存的教堂在后沟胡同2号,其东面的原住宅部分则归了公安局13处。

教堂平面呈南北长东西窄的矩形。它的外立面为灰色清水砖墙。正面有3跨,主入口在两侧的副跨,主跨是玻璃花窗和高起的山墙。前半部分是主堂,可容500人。在圣坛上方升起一扇巨大的八角形天窗,使得因棕色内墙裙造成的幽暗气氛稍显轻松明亮。北半部及整个地下室是副堂,可容700人,主、

亚斯立教堂

副堂之间竖以木隔墙，可分可合。亚斯立教堂在 2002 年经全面修葺后于年底重新开堂。照我看它是北京地区最壮观的基督教堂。可据说老布什等人都爱去缸瓦市教堂，看来是派别的原因，跟教堂的建筑形式无关。

珠市口教堂

1872年,卫理公会在宣武门外大街63号曾买地皮一块,次年建一教堂。1900年以后因为突然有钱了,他们又新建了8个教堂。1904年建珠市口堂,1921年又将原平房改为现在我们看见的两层楼房。此堂坐西朝东,南北宽16米,东西长23米,共3层。主堂在第2层,1层和3层为副堂。2002年全面修葺后外立面以蓝色为主,加以局部的白线条,十分醒目。

珠市口教堂

缸瓦市教堂

1863年初，伦敦布道会便派了传教士来京，并在缸瓦市租房布道，但当时尚属秘密进行。同年迫于外国势力的压力，政府不得不解除禁令。于是，伦敦布道会开始大张旗鼓的建教堂和传教。1865年他们在米市大街东堂子胡同买了一处庙产做教堂，因房前有两根大旗杆，人称双旗杆伦敦会。1900年义和团起事攻打教堂，不少教士跑到东交民巷亲自披挂上阵。8月14日，八国联军以保护侨民为由入侵北京，在打败了义和团和清军后，教会们纷纷向清政府要求大量索赔，并强占民房以扩大地盘。1903年伦敦会又在缸瓦市买房，建教堂、医院、牧师住宅，并将原来办的萃文、萃贞两所小学升格为中学。后来又曾在南面扩建了一跨，变成两个礼堂并联式的主堂，南北两侧的平房为副堂和牧师办公等用房。

缸瓦市教堂

跋　我的北京

　　常常不明白我算不算是老北京。说不算吧，我确实在北京从四岁长到六十几岁，如果继续活着（这种可能性极大），以后的日子恐怕也多数在北京过。以活到84岁计，在北京陆陆续续待80年，还不算"老"吗？说算吧，我不是在北京出生的。论起"生与斯，长于斯"，就有点儿底气不足。加之我生活的地域既不在北京城里，也不在北京乡下，而是在一个不城不乡的地方——清华大学里。对北京城里的好多物事儿，就不大了解。虽然不够纯粹，但我还是爱以北京人自居。我爱北京的一切：那如诗如画的风景、那四季分明的气候、那宏大气派的建筑。更爱北京人的一切：带些儿化的口音、苦中作乐的脾气、南北兼收的吃食。

　　谈到北京人，梁实秋如是说："北平，不比十里洋场，人民的心理比较保守，沾染的洋习较少较慢。东交民巷是特殊区域，里面的马路特别平，里面的路灯特别亮，里面的楼房特别高，里面打扫得特别干净，但是望洋兴叹与鬼为邻的北平人却能视若无睹，见怪不怪。北平人并不对这一块自感优越的地方投以艳羡眼光，只有二毛子、准洋鬼子才直眉瞪眼地往里钻。地道的北平人，提着笼子架着鸟，宁可到城根儿去溜达，也不肯轻易踱进那一块瞧着令人生气的地方。"

而郁达夫又是怎样看北京的呢？他像谈自己的情人一般深情地写道："所以在北平住上两三年的人，每一遇到要走的时候，总只感到北平的空气太沉闷，灰沙太暗淡，生活太无变化；一鞭子出走，出前门便觉胸舒，过卢沟方知天晓，仿佛一出都门，就上了新生活开始的坦道似的；但是一年半载，在北平以外的各地（除了在自己幼年的故乡以外）去一住，谁也会得重想起北平，再希望回去，隐隐地对北平害起剧烈的怀乡病来。"

北京人，固然是不同于中国其他地方乃至世界各地的人——以其天子脚下的地位，以其燕赵悲歌的情调，以其南北兼收的品味。但这些内在的东西，不易被人短时期所察觉。起码旅游的人不会是坐着飞机乘着火车专程品味北京人来的。然而北京的建筑明晃晃地戳在路旁，北京的长城弯弯曲曲地盘在山上，以其雄伟、华丽、端庄、气派，吸引着各地的人，也感动着北京人自己。这其中必有它的道理。看完这本书，也许你能对它的原因品出一两分来。那我的目的就达到了。

参考文献

[1] 傅熹年. 傅熹年建筑史论文集. 北京：文物出版社，1998.

[2] 梁思成. 中国建筑史. 天津：百花文艺出版社，1998.

[3] 程裕祯等. 中国名胜古迹词典. 北京：中国旅游出版社，2001.

[4] 老北京网

[5] 中国历史年代简表. 第 2 版，北京：文物出版社，1994.

[6] 胡丕运. 旧京史照. 北京：北京出版社 1996.

[7] 罗哲文. 透过镜头——中国古代建筑精华. 郑州：大象出版社，2005.

215